直面新消费

高需求、自传播、强转化的品牌增长路径

徐全 张利英 著

机械工业出版社
CHINA MACHINE PRESS

图书在版编目（CIP）数据

直面新消费：高需求、自传播、强转化的品牌增长路径 / 徐全，张利英著. —北京：机械工业出版社，2023.4（2023.10重印）
ISBN 978-7-111-72561-9

I.①直… Ⅱ.①徐…②张… Ⅲ.①品牌战略 - 研究 - 中国 Ⅳ.① F279.23

中国国家版本馆 CIP 数据核字（2023）第 010671 号

直面新消费
高需求、自传播、强转化的品牌增长路径

出版发行：机械工业出版社（北京市西城区百万庄大街 22 号　邮政编码：100037）			
策划编辑：张　楠		责任编辑：张　楠	
责任校对：李小宝　贾立萍		责任印制：张　博	
印　　刷：北京建宏印刷有限公司			
开　　本：170mm×230mm　1/16		版　　次：2023 年 10 月第 1 版第 2 次印刷	
书　　号：ISBN 978-7-111-72561-9		印　　张：14.5	
		定　　价：69.00 元	

客服电话：(010) 88361066　68326294

版权所有·侵权必究
封底无防伪标均为盗版

前　言

其实，我准备这本书的内容已久。

早在 2020 年元旦，我们几个资深电商从业者在星巴克小聚。当讨论电商的发展与问题时，我们惊奇地发现，随着短视频、直播带货这些新业态的兴起，品牌打造的玩法变了。

在新的营销方式和带货模式下，一批颇具中国特色的新消费品牌迅速走红，如美妆界的花西子、速食界的拉面说。甚至一些传统品牌，如李宁、回力、九阳电器等，伴随着一些新品的上市，也在短时间内翻红。

这些新消费品牌颜值高，迅速吸引了消费者的目光，以迅雷不及掩耳之势冲到了淘宝、天猫品类榜单前列，而且与传统品牌相比，无论是产品打造方式还是营销策略，这些新消费品牌都有着鲜明的特色。

这些新消费品牌走红的路径也高度相似，几乎都是在增量市场上找准了一条细分赛道，针对年轻消费者打造出颜值高、功能强、卖点足的爆品，然后在小红书、抖音、快手、B站等平台，用KOL（关键意见领袖）大范围推广、带货的方式，以高密度的饱和式攻击集中引爆，迅速占领年轻消费者的心智。

我作为深入电商行业十余年的从业者、研究者，这两年除了指导涉足直播电商的企业，培训大大小小的主播外，更重要的是我亲身参与了供应链管理、产品优化，并投资、孵化了一大批新消费品牌。细数下来，近几年我参与策划了阿芙精油、小罐茶等火爆品牌，主导了红星二锅头、露露乐蒙（lululemon）、王饱饱麦片的线上营销。这让我不仅熟悉了新消费品牌打造的玩法，也一路见证了这些品牌的成长。

出于对这个行业的敏感，我从中嗅到了新的希望，也看到了新的曙光。

2020年新年后，关于新消费品牌的讨论一直热度不减，而新消费品牌的融资像过山车一样，在年中冲到了最高峰，到了下半年又逐渐遇冷。

2021年，一些领跑的头部品牌已经开启了下一个阶段的决战。为了突破增长难题，头部品牌纷纷展开品牌营销，签约艺人代言，和知名导演合作拍宣传片；同时布局私域流量，大力进军线下；在产品上，更是全品类发展。有实力的新消费品牌，甚至开始自建工厂，打造供应链，投资并孵化新品牌。

另外，在2021年，我们看到很多传统品牌以新形象、新姿态加入了这场新消费大潮。而对于线上营销，这些品牌也早已玩得风生水起。

转眼到了2022年，有人断言新消费市场格局已初现形态，新旧品牌迟早会兵戎相见。那么接下来，新消费市场真的就没有机会了吗？真的就这样格局已定了吗？

我认为，事实并非如此。

随着新消费品牌的崛起，我一直步伐未停，帮助企业打造新品牌、突破增长困境，甚至自己还投身其中，参与了一些品牌的孵化。我从中收获了很多经验，看到了很多问题，但同时嗅到了更多的机会。

在此期间，很多人不止一次向我提议，希望我能将自己的实践和思考编撰成书，让更多的企业和业内人士受益。因此，我特意邀请了张利英女士共同创作本书。为了读者阅读体验更好，我们商定，全书以我的口吻为大家讲述。

希望大家能从书中有所收获！

徐全

2022 年 5 月 3 日

| 目 录 |

前言

第 1 章　新消费热潮来袭，引发新机遇　1
CHAPTER 1

变与不变，新消费的新特征　2

新消费源于新人群吗　2

新消费就是追求高颜值和极致性价比吗　3

新消费源于新媒体和新渠道吗　5

深度剖析，新消费的底层逻辑　7

以数据为驱动，双向联动　8

以消费者为中心，主动连接　9

以内容为载体，创造流量　10

落地执行，驱动增长的新方式　12

用产品驱动增长，易忽视竞争战略 12

领先一步，打造增长驱动型产品 13

一中心两路径，新消费品牌打造模型 15

第 2 章 做好战略和定位，打造新消费品牌 20
CHAPTER 2

高瞻远瞩，制定增长战略 21

四大模块，构建增长目标 21

三大难题，破解增长困境 23

四大阶段，提高核心增长力 24

七大优势，找到增长驱动力 27

把握创业机遇，做好品牌定位 30

把握战略性机遇，紧抓创业风口 30

三大运营，把握增长性机遇 33

选赛道的逻辑：寻找增量市场 35

品牌定位：成为品类领导者 38

品牌理念，引发用户认同 41

第 3 章 打造超级单品，引爆新消费市场 45
CHAPTER 3

超级单品：高需求、自传播、强转化 46

高需求产品，自带购买力 46

两个要素，让产品自传播 49

强转化：市场竞争小，用户易决策 52

从需求到上市，产品打造全流程 55

三大要素，打造受欢迎的产品　55

当找错了目标群体和特定需求时　59

做好需求挖掘、调研和分析，打造产品　61

MVP测试"产品–市场"匹配度　64

以数据为驱动，测试新品　67

四大要素，让产品更好卖　70

颜值第一？好卖才是王道　70

提升价值，戳中用户心理价格　74

从情感入手，增强产品黏性　78

塑造核心卖点，吸引消费者　81

组织与人才支持，全面提升产品力　85

年轻、创新，打造敏捷团队　85

跨界吸引人才，内化核心职能　86

开放、自由，营造宽松氛围　89

组织数字化，高效、透明　90

品类延伸，全面满足消费者　92

全品类发展，复制爆品方法论　92

打造多品牌，拓展市场份额　94

第4章　用内容撬动流量，让品牌持续增长　98

品牌增长模式，从大渗透到小渗透　99

大渗透：传统品牌生存模式　99

小渗透：新消费品牌的增长飞轮　101

品牌角色和用户关系发生变化　104

两种打法：动能品牌、势能品牌　106

以内容为抓手，加强品牌与用户的沟通　108
五个维度，提升内容吸引力　109
九宫格思维法，找到好创意　112
做好内容要掌握底层逻辑　116
兼顾三大难题，实现品效合一　119
建立内容中台，做好内容转型　122

精准触达用户，占领消费者心智　123
精准触达年轻人聚集地　124
KOL种草，做好口碑营销　129
与KOL合作，做好策略组合　134
三大玩法，品牌营销"破圈"　137
好玩、有趣，玩转内容营销　141

全方位扩大声量，在渠道中提升销量　143
直播带货，不只为了销量　144
品牌自播，开启流量蓝海　146
布局线下渠道，寻求新增长　152
注重体验，打造门店、快闪店　155

运营私域流量，持续形成复购　157
留存用户，打造私域流量池　157
应用DTC模式，直接面对消费者　161

运营用户，持续建立强关联　163
多渠道运营，持续连接用户　163
掌握用户生命周期，激发消费潜力　167

第 5 章 新消费品牌与传统品牌的未来　170
CHAPTER 5

四大难点，新消费品牌如何破局　171

从前端入手，提升供应链效率　173

深度变革，加强渠道管控能力　175

提高溢价水平，积累品牌资产　179

发挥优势，沉淀用户、数字化资产　181

资本助推，品牌做大做强　184

两大方向，打造学习型组织　185

传统品牌焕新？不同品牌，不同解决方案　188

老牌巨头，八大解决方案　189

腰部品牌，摆脱尴尬境地　193

中小头部品牌，突破三大难题　197

实战演练，看传统品牌如何翻红　200

抓住商业本质，找到转型方向　201

经营客户关系，创造性满足客户　203

智慧门店升级，增强体验和服务　205

进军线上，进一步获取流量　208

抢占增量市场，布局新品牌、新产品　210

形象焕新，吸引年轻消费群体　212

创意营销，与用户建立新连接　214

组织数字化变革，提升竞争力　218

参考文献　220

后记　221

CHAPTER 1
第 1 章

新消费热潮来袭，引发新机遇

变与不变，新消费的新特征

这几年，随着新消费热潮席卷全国，涌现出众多品类冠军，花西子、三顿半、元气森林等品牌迅速崛起，发展惊人。甚至"所有的消费品，都值得重做一遍"成为创业者的信条。

但是，每当我和业内人士讨论到底什么是新消费，新消费又"新"在哪里时，他们的答案无非是围绕新人群、新产品、新媒体、新渠道这几个方面给出的。

可事实真是如此吗？其实，在我眼里，这些所谓的"新"，只不过是新消费的一些表象，并没有触及它的本质。

新消费源于新人群吗

很多企业家、投资人一提到新消费，首先想到的就是新人群，他们认为Z世代⊖与以往的消费者不同，具备了新的特征。比如，Z世代人群更愿意为兴趣买单，作为原生代网民，追求圈层文化、社交认同，更愿意树

⊖ Z世代也称新时代人群。在我国，Z世代被定义为1995～2009年出生的人群。

立自己的人设，他们注重颜值，有更强的审美力。

但是，这些特征只有Z世代具备吗？试想一下，哪一代消费者不是如此呢？小时候为了买一个心爱的玩具，能攒上一年的钱；等年龄大些了，在自己卧室的墙上贴满了明星的海报，这跟30年前扛着录音机、穿着喇叭裤到处招摇的年轻人有什么区别呢？他们同样追求精神消费，愿意为兴趣买单。

再来说圈层文化。大妈圈里流行的花丝巾、大爷之间盛传的钓鱼装备，难道就不是他们的圈层文化和社交货币吗？

Z世代注重颜值，其实任何年龄层同样在乎，只不过标准不同而已。现在的年轻人认为国风、酷炫是潮流，可在老一辈眼里，五颜六色代表朝气，永不过时。在审美这件事上，不是年轻人就一定比老一辈强，大家只是标准不一样。回想一下，哪一代年轻人，不是被定义为新潮、求变的代表呢？

所以，前面提到的这些特征，是每一代年轻消费者的共有特征，而不只是Z世代消费者独有的，何况某些特征其实每个年龄层都具备。

我认为，做消费品牌要关注并研究目标消费者，而不要因为人群不同，就对其冠以新旧之别。研究消费者是要研究他们的需求，而不是局限于其表面上的特征。最重要的是，企业不能只想这一代消费者和上一代有何不同，更要考虑底层逻辑，寻找共性，不然只能被潮流左右。

新消费就是追求高颜值和极致性价比吗

花西子靠东方美学在网络走红，完美日记因极致性价比火爆……

有人认为，现在的新产品，要么是用漂亮的包装吸引大众，要么就靠极致性价比俘获人心。因为新一代消费者除了更注重颜值，同时对价格更敏感，消费更理性。

我们暂且不谈现在的产品能否用包装吸引大众，毕竟迎合消费者的审美需求是这些年以来大部分成功消费品牌的共性。

至于极致性价比，2019年，阿芙精油的创始人专门写了一篇文章，直指打造新产品的方向就是极致性价比。市场上还有众多以性价比著称的品牌，比如咖啡界的Manner、小酒馆界的海伦司、宠物零食界的疯狂小狗。

其实，走极致性价比的路线并非那么容易，这绝对不是随便定个低价就可以的，背后关乎两大条件：一是市场规模，二是成本结构。

市场规模

品牌采用薄利多销的策略，往往是具备了一定的市场规模，才有可能获得较高的利润。但事实上，企业很难具备特别大量级的市场规模，所以传统品牌的产品定价一般都比较高。而且就算有些传统品牌走的是极致性价比路线，其主要目的更多也是快速打开销路。

另外，产品价格的高低还取决于品牌的议价能力。比如，名创优品之所以产品能卖低价，是因为它直接买断了供应商的部分产品，有了更大的议价权，从而在定价方面取得了一定的优势。

但是，新消费品牌的问题在于短期没有能力实现规模效应，也没有办法完全控制供应链，所以在市场规模方面并没有优势。

成本结构

新消费品牌的定价相对较低，更多是因为成本结构发生了变化。

很多新消费品牌都是通过抖音、小红书推广，在淘宝、京东等线上平台成交，只布局了少许的线下渠道。这样就能大幅降低以下两项成本，一项是渠道搭建成本，另一项是品牌营销成本。

传统品牌的主要战场是门店、商超等线下渠道，抖音、天猫、京东等线上平台只承担了一小部分销量。要知道，布局线下渠道，需要在时间和资金上投入很多：交进场费、条码费、陈列费，找经销商合作，招募销售团队，等等。新消费品牌在这些方面投入较少。

另外，消费者在淘宝等线上平台购物时直接搜索产品下单，属于主动消费，企业即使想主动营销，也是用线上广告引流。但是，线下发生的大多属于随机消费，企业需要通过投放品牌广告，让消费者认知品牌、记住品牌，才能把他们引到商场，实现销售。因此，企业在线下的品牌营销上要投入更多的费用。

新消费品牌的战场基本是在线上，很少做线下的品牌广告，即使做品牌营销也是蜻蜓点水。因此，与传统品牌相比，新消费品牌能大幅降低渠道搭建和品牌营销两项成本，从而定价略低。但是当新消费品牌线上增长饱和，想要进攻线下时，就会出现比较大的麻烦。因为消费者已经默认了品牌的低价策略，如果涨价他们就会不买账。另外，大多数新消费品牌进攻线下时没有足够的营销费用，同时又不熟悉线下玩法，迟早都要面临新的难题。

新消费源于新媒体和新渠道吗

有人说，新消费品牌的崛起是因为新媒体平台的涌现。纵观历史，每一代消费品牌的爆发，无不伴随着媒体的变迁。

在传统媒体时代：汇源果汁靠天价广告费荣登央视黄金时段，一跃成为国民果汁、民族品牌；加多宝凭借赞助浙江卫视某节目火遍大江南北，一度掀起凉茶消费潮。

这些现象的背后本质上是用户娱乐渠道的迁移——谁能吸引用户的眼球，谁就拥有了话语权。

正所谓流量在哪里，品牌就在哪里攻城略地。抢占媒体流量，一直都是消费品牌打开市场的惯用手段。

抖音、小红书、B站等新媒体平台的出现，的确为新消费品牌的崛起提供了机会，但是这些新媒体平台并不只是新消费品牌的阵地，传统品牌面临同样的机遇，也可以利用这些平台。因此，不能用媒体形态变迁的逻辑定义新消费品牌和传统品牌。这些媒体平台只是为品牌的爆发提供了便利条件。

从渠道上来讲，产品的销售渠道越广，自然就有越大的销量，农夫山泉能连续八年市场占有率第一，和其强大的渠道布局息息相关。

简单来说，渠道管理能力在消费行业向来有重大的意义。这几年我国之所以有一批新消费品牌脱颖而出，的确有享受到新渠道的红利。小红书、抖音、快手……这些内容型渠道不仅仅能为品牌做宣传，更重要的是它们还为产品的销售提供了渠道支持。企业只要在相应的页面填写有关信息就能实现销售，相比以前繁重的渠道搭建工作，可以说是成本极低的。

不得不承认，新渠道的诞生为新消费的爆发提供了可能。

传统品牌同样面临新渠道的机遇，而且对于供应链比较完善的它们来说，布局一个新渠道应该比新消费品牌更容易。可能正是原有的渠道比较稳固，导致它们不想分散精力开拓新渠道。

不过，凡事都有利弊，新渠道也会面临新的问题。

新渠道是由算法支配的，非常有利于精准匹配，但是无法培养消费者稳定的购物习惯。因此，很多新消费品牌，如元气森林、完美日记，在创业初期就开始布局线下渠道，甚至打造私域流量池来沉淀用户。

以前只要渠道铺得够深，企业就能成为赢家，所以企业只是好好做渠道，其他的问题考虑得比较少。但是，企业如今必须关注消费者的需求，做好产品，这不只是铺好渠道就行的。面对这种情况，即使新消费品牌吃到了新渠道的红利，但是运营能力匮乏，一样做不起来。

因此，现在所谓的新人群、新产品、新媒体、新渠道，只是表象而已。它们的变化必然会给消费行业带来机会或影响，但是这并没有触及根本问题，如果按照这种形式上的定义，所有年代的消费品牌，都可以被称为新消费品牌。

最后，我想说，新消费之所以被叫作新消费，一定是找到了"驱动增长的新方式"，如果创业者没有掌握驱动增长的新方式，只是看到热潮来了就跟风创业，很容易被拍死在沙滩上。

深度剖析，新消费的底层逻辑

我在前面讲了新人群、新产品、新媒体、新渠道，这些只是新消费的一些表象，那么，新消费到底新在哪里，又在哪些方面发生了本质的变化呢？

以数据为驱动，双向联动

稍微对新消费有所了解的人都会发现，在近几年的新消费浪潮中，各品牌都在短时间内完成了品牌打造。

完美日记成立于 2016 年，空刻意面成立于 2019 年，这些新消费品牌用 3 年左右的时间，就实现了从"0"到"1"的蜕变。其中，美妆护肤、轻食代餐、潮玩手办等品类中出现了很多新消费品牌。

在新消费领域，创业门槛看似很低，品牌极易成功，但其实后续的发展还很艰难。并不是说品牌难在不能洞察消费者的需求，而是随着更多新品牌和新品类的出现，消费者的需求越来越细化，而每一款产品的市场周期也越来越短。品牌很难再打造出像娃哈哈 AD 钙奶、椰树牌椰汁一样知名度高的单品，你可能才研发出生椰拿铁，市场上马上就出现香椰拿铁、椰椰拿铁……在这种情况下，留给品牌的红利期也就越来越短。有个咖啡品牌的负责人表示，他们首创的咖啡产品才卖了三个月，其他品牌就出了同类型产品，他们的产品只在那三个月里享受到了红利。

以前传统品牌是发现需求后，先生产产品，再进行分销，然后通过广告营销进行产品推广，最后再进行售后服务（见图 1-1）。这个链条是单向流动的，其中任何一个环节被卡住了，其他环节就无法继续运行。

图 1-1　传统品牌的运营链条

现在的情况是，一个新品可能刚在华北地区打开市场，还没来得及进军全国，这时便有更好的产品出现了。新消费品牌应该怎样做才能解决这个难题呢？

只要新消费品牌的运营链条变成双向联动的，即销售端可以反向为生产端提供数据反馈，生产端便能更快、更好地把握消费者需求（见图 1-2）。元气森林在研发出多款产品后便拿到市场上测试，哪个产品反馈好，就主推哪款。除了销售端，在产品生产、推广、服务各环节，元气森林都会随时根据用户数据进行产品迭代。这种模式与传统商业模式最大的不同就是传统商业模式需要根据人的经验做决策，而现在直接看数据反馈和市场效果，自然得到的信息更准确，反应也更迅速了。

图 1-2　新消费品牌的运营链条

当然，能实现产销的双向联动，本质上还是得益于数字化的发展。新消费品牌以数字为驱动，将消费者行为数据化，并迅速为生产、营销端提供反馈，从而实现决策闭环。

以消费者为中心，主动连接

新消费品牌和传统品牌，在品牌打造上有什么不同吗？

传统品牌是先做品牌定位，然后用媒体吸引消费者，让消费者有需求就联想到它。常见的方式就是品牌选择影响力大的媒体平台，用一句宣传语，直接将自己钉进消费者的心里。"今年过节不收礼，收礼还收脑白金",这则脑白金在央视投放的广告,就是最好的例子。在那个年代,消费者的选择不多,广告一出现就被吸引了注意力。那时的广告位有限,谁有钱砸广告,谁就有话语权。随着更多媒体平台的出现,去中心化时代已经到来,消费者的呼声越来越大,营销活动也开始多样化。新消费品牌不仅要在乎消费者的想法,而且要赢得消费者的拥护。以消费者为中心,成为消费品牌信奉的法则。

这就要求品牌改变玩法了。

现在的品牌不是单向地卖给消费者产品,而是尽可能地和他们产生连接,让他们真正喜欢上这个品牌。以前的品牌做广告时,只需产出一个内容,然后在各大媒体上投放即可。但是现在不仅有多种媒介吸引用户的眼球,而且每一种媒介都有自己专属的形态和风格。比如,适用于微信的长篇图文,放在快手、抖音上必然没有强大的感染力;小红书上消费导向性的笔记,不适合理性科普的知乎。即使同样是影视剧或综艺节目剪辑,放在B站上用户不改几刀,怎么能过瘾?

因此,现在的品牌营销更像一张网,这张网要适用于各个平台环境,而且在内容创意上还要根据不同的消费者特征,将抽象的品牌定位拆分为不同形态的内容,才能打动不同平台上的消费者。

以内容为载体,创造流量

即使到了现在,很多企业仍认为流量是一种固定资源,需要花费大量成本购买。

这个想法很危险。因为现在的平台规则是靠大数据和算法支配的,流量的分发模式发生了巨大的变化,只砸钱并不能买到优质流量。

举例来说,在传统消费时代,假如你运营的是一个主攻年轻消费群体的饮品品牌,为了触达这群年轻人,你会怎么做呢?按照常规的操作思路,就是分析当时人们倾向于何种媒体,然后进行针对性地投放。

今天,在新媒体平台上,品牌营销的玩法变了。只要你能生产出目标人群感兴趣的内容,平台算法会主动帮你匹配目标人群。我们不用刻意考虑消费者在哪里,有什么触媒习惯,只要做出好的内容,自然就会收获好的结果。

为什么会这样呢?

因为传统媒体的内容是不流动的,与其说是买流量,不如说是买位置。现在只要内容够好,用户就会马上反馈,而且用户的积极反馈还会带来更多的流量。况且,现在只靠烧钱也不一定能收获流量,因为即使你有钱买了流量,但是内容不够好,为你精准匹配的人群也留不住、转化不了。

好的内容能创造流量,甚至撬动更多流量。

以前,企业单纯地做产品,然后销售即可,投放媒体的内容交给策划公司。但是,现在的淘宝、抖音、微信等平台推广,甚至是私域用户的运营,产品本身都要融入内容,内容已经变为产品的一部分。

新消费品牌都在为流量焦虑,但寻求新的流量阵地只能暂时缓解问题,只有从内部着手,有比较强的内容生产能力,才能打赢这场流量战争。

综上所述,从底层来看消费品牌的变化,可以概括为:在供需链条上,以数字为驱动,从单向流动变为双向联动;在品牌营销上,以消费者为中心,从千人一面变为"千人千面";在流量运营上,以内容为载体,从购买流量变为创造流量。在这背后,新消费品牌只有加强数字化发展,重视消费者需求,增强内容建设,才有可能跑赢传统品牌和同类新消费品牌。

落地执行,驱动增长的新方式

新消费品牌找到了驱动增长的新方式。那么,驱动增长的新方式是什么呢?我认为目前驱动增长的方式有两种:一种是产品驱动,另一种是增长驱动,它们有什么区别呢?

用产品驱动增长,易忽视竞争战略

我发现很多品牌在创业时,都是在发现了一个未被满足的需求后就立即开始打造核心产品,大规模销售后再整合上游和下游的合作生态(见图1-3)。在产品做到一定规模后,才意识到要与别的品牌竞争了,这时才开始重视竞争战略。我将这种以产品为驱动的增长方式称为产品驱动型增长。

图1-3 产品驱动型增长模型

制定竞争战略就涉及调整核心产品,可是调整核心产品谈何容易。

万一调错了怎么办？再者，调整核心产品也是需要成本的。这时，有些企业家就急匆匆地来问我，为什么会这样呢？该怎么解决呢？

饿了么就曾遭遇过这种问题。

2008年，正在上大学的张旭豪因为夜间打游戏时饿了想点餐，却没找到可以配送的商家，由此发现了外卖这个巨大的市场。于是，他和同学们商定，以外卖服务为产品，围绕学生群体，开启创业之路。2009年，他们上线饿了么网站，又推出餐厅运营一体化解决方案，逐渐打开了外卖市场。

2010年，他们将用户范围扩展至白领群体，并支持手机下单。随着智能手机的普及，饿了么以上海为据点，踏上了全国扩张之路，通过和越来越多的餐厅建立合作，2013年，饿了么已成为外卖行业的独角兽。

与此同时，外卖行业这块大蛋糕被越来越多人盯上，这时的饿了么并没有制定有效的竞争战略。由于缺乏战略性指导，饿了么应对能力不足，从2016年起，饿了么的市场份额就与美团相差无几了。

所以，品牌采用产品驱动型增长虽然有强大的核心产品支撑，但是由于过度关注产品，可能会忽略竞争战略，在产品打开市场后又盲目扩张，就很容易陷入被动的死局。

领先一步，打造增长驱动型产品

那么，到底该怎样做才能避免陷入死局呢？

《孙子兵法》里说："上兵伐谋，其次伐交，其次伐兵，其下攻城。"这句话意思是，上等的兵法是先制定战略，以谋略取胜；其次是靠外交,找合作伙伴;再次是动用武力,击败敌军;最下策是攻打敌人的城池。在《三国演义》中,东吴的周瑜想打刘备,就先制定了一个谋略:为刘备说媒并让他来东吴成婚,之后吞并荆州,只不过这个谋略被诸葛亮识破了。

这个道理放到商业战场上同样适用。也就是说,上等的品牌打法,应该是先制定增长战略,然后建立竞合生态,再去洞察用户,打造场景化产品,最后是布局产品矩阵(见图1-4)。

图1-4 上等的品牌打法模型

我将这种以增长为驱动打造产品的方式称为增长驱动,这也是新消费"新"的根本。

以精品咖啡品牌三顿半为例,三顿半于2015年成立,在2019年就力压雀巢、星巴克两大巨头,高居天猫"6·18"冲调类榜首。

人们都羡慕三顿半取得的成绩,但是很难看到在推出超即溶精品咖啡之前它到底做了什么准备。三顿半在开创这个品类之前就明白,要像农夫山泉以天然水为主一样开发核心大单品,因此确定了自己的大单品增长战略:产品1.0——挂耳精品咖啡;产品2.0——冷萃咖啡滤包;产品3.0——超即溶咖啡品类。

产品1.0和产品2.0都因为没有技术壁垒很快被同行模仿。那么,怎样才能生产一款难被模仿和超越的咖啡产品呢?三顿半的团队进行了思考,并意识到了构建竞争壁垒的重要性。

三顿半先对市场上的咖啡品类做了调查分析。

第一类是以雀巢为代表的传统速溶咖啡，虽然便宜，但是口感一般，属于低端产品。

第二类是以星巴克为代表的现磨咖啡，虽然口感较好，但是价格较高，而且消费者也不只是为了咖啡才进店的，店面本身也是不错的休闲场所。

通过思考和用户调研，三顿半的团队决定从速溶咖啡入手，在工艺上做出改进，同时保留冷萃特色，打造一款即溶咖啡产品。另外，三顿半的团队还考虑到年轻人的喜好，在包装设计上做出创新，推出颜色各异的高颜值小罐包装，包括6种不同风味的咖啡，每罐定价在6元左右，和市场上的咖啡产品做出了区分。不仅如此，三顿半考虑到要打造产品矩阵，于是推出了基础系列、数字系列等多款产品。

正是因为提前构建增长战略、调研竞合生态，然后打造场景化产品，最后建立产品矩阵，三顿半在短时间内打开了市场，取得了优异的战绩，同时保证了一定程度上难以被同行复制和超越的优势。

一中心两路径，新消费品牌打造模型

通过前面的内容，我们了解了两种驱动增长的方式：产品驱动和增长驱动。

- 产品驱动是以核心产品来驱动品牌增长的方式，但是可能会忽略竞争战略，导致后期增长受限。

- 增长驱动是以增长为驱动来打造产品的方式，就是在打造产品前先制定增长战略，然后利用核心产品，实现品牌的整体增长。

新消费品牌基本上都采用了新的驱动增长的方式——增长驱动。

另外，就像前面提到的三顿半打造增长驱动型产品一样，通过对多个新消费品牌的服务和研究，我发现它们的创立、爆发和稳定增长，都有一套有迹可循的打法。

构建增长战略就是制定企业战略的过程。调研竞合生态是给品牌定位的过程。这里的竞合生态不仅包括竞争对手，而且包括合作对象，也就是说在研发产品之前，要确定市场情况，做好品牌或产品定位。洞察产品场景就是在研究竞合生态后找一个场景切入市场。目前市场越来越细分，品牌通过单点切入，打造超级产品，进而建立产品矩阵，可以撬动更大的市场。

综合对多个品牌的研究成果，我觉得三顿半的打法可以进一步升级为以下模型（见图1-5）。

图1-5　三顿半升级版打法模型

混沌大学的创办人李善友曾多次强调模型的重要性：在一个落后的思维模型里，即使增加再多的信息量，也只算是低水平的重复。因此，关于如何进行新消费创业，如何打造新消费品牌，我特意整理了如图1-6所示的模型。

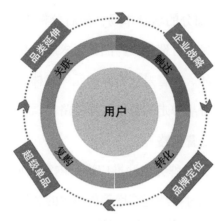

图 1-6　新消费品牌打造模型

始终以用户为中心

从图 1-6 的模型中可以看出，企业或品牌的一切活动，都是围绕用户展开的。企业或品牌切入某个赛道，打造某种产品，都是基于用户的需求；产品设计的最终方案，是基于用户的偏好；在哪个渠道营销、用什么方式营销，是基于用户的习惯；采取什么运营方式，是基于品牌和用户之间的关系。

现在的新消费品牌，更是把对用户的重视，拉升到了一个新高度。比如，在产品研发阶段，新消费品牌邀请用户共创产品；研发出新品后，还会针对用户做产品测试；在购买、使用环节，更注重用户体验。甚至在产品使用完之后，新消费品牌还与用户连接，就像三顿半发起的回收空杯计划，用户积攒到一定量的咖啡罐就能兑换创意十足的产品，这项活动增加了品牌与用户之间的黏性。目前的商业之争，归根结底是用户之争，谁能赢得更多的用户，谁就掌握了主动权。

正如前面提到的，打造新消费品牌或者进行新消费创业，首先要制定企业战略，选择一个细分的增量市场；然后分析市场情况，进行品牌定位；接着切入细分场景，打造超级产品，力求成为品类第一；最后布局产品矩阵，进行品类延伸。不管是饮料界的元气森林，还是东方美妆品牌花西子，几乎所有新消费品牌走的都是这样的路径。

制定流量、用户运营策略

开发新产品之后，品牌会借助推广进行内容投放，对用户实现触达、转化、复购、关联，通过持续运营增强与用户的关系。

触达：新消费品牌会选择抖音、小红书、B站等年轻人常驻平台，通过达人种草、广告植入等方式，精准触达潜在用户，给他们留下深刻的印象。

转化：在不断接收到品牌的推广信息后，用户会在相应平台或跳转其他电商平台下单，产品从而实现转化。

复购：用户在购买产品后，品牌会利用发放红包等方式，吸引用户关注微信公众号、加入社群，从而进入企业的私域流量池。品牌通过不断运营，最终促成用户复购。

关联：品牌通过社群、微信公众号、朋友圈等渠道，不断与用户发生关联，增加用户黏性，促使他们陪伴品牌成长。

比如，三顿半在完成产品打造后，选择下厨房和小红书进行投放。由于产品优秀，三顿半还获得了天猫的流量扶持，这为产品的走红提供了契机。另外，用户还会在包装盒中看到附赠卡片，扫码关注后就能成为会员。三顿半十分重视用户运营，每年都会开展返航计划回收空杯，以此加深和用户的联系，同时三顿半还开通了品牌朋友圈，和用户直接对话。

最后需要说明的是，模型中的每个步骤都是环环相扣且循环进行的，在品牌进行品类延伸后，又要制定新的企业战略，这又是一个新产品的打造过程。新消费品牌打造模型的圈转得越快，企业内部的效率就越高。

CHAPTER 2
第 2 章

做好战略和定位,打造新消费品牌

高瞻远瞩，制定增长战略

当我问一些创始人想怎样打造新消费品牌时，他们的回答总是停留在产品打造、KOL 种草、主播带货等战术层面，但是战术上的努力，解决不了战略上的问题。

"上兵伐谋"，一些跑得快的新消费品牌，大多数是在战略层面就比别人领先了一步。完美日记之所以能在早期就获得资本的青睐，很大程度上是创始人将品牌的未来规划讲得清清楚楚。

创业本来就是一条艰辛之路，如果创始团队不能提前做好战略规划，盲目前行，注定在这条路上栽跟头。即使有些企业凭运气顺利地走完了 0～1 阶段[⊖]，但是后面等待它们的，又是各种增长难题。所以，企业要制定增长战略。

四大模块，构建增长目标

以前，企业以品牌战略为主。现在，企业的战略目标更加细分了，不

⊖ 一个完整的商业项目一般会经历 3 个阶段：0～1 阶段的种子期、1～10 阶段的初创期、10～100 阶段的成长期。

仅包括营销战略、品牌战略，而且包括数字化战略、组织战略（见图2-1）。

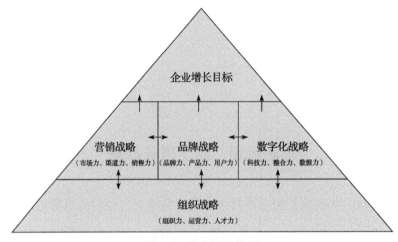

图2-1　企业增长模型

营销战略包含市场力、渠道力和销售力，是开拓市场、搭建渠道和销售产品的能力。

品牌战略包含品牌力、产品力和用户力，主要是打造产品、运营用户和构建品牌的能力。这两项战略是企业增长的关键。

数字化战略在这个时代同样重要。现在的企业更重视数字化，并且以数字化为驱动。阿里为什么能做得这样好？主要是因为它把握住了数字化的关键，能通过大数据洞察用户的需求。可以明确的是，新消费品牌基本上都是抓住了用户的需求。比如，盲盒就是抓住了年轻人想要惊喜的需求；三顿半就是抓住了年轻人想随时随地喝咖啡的需求。利用数字化技术，企业能更好地洞察用户的需求。

另外，企业的发展离不开组织战略，组织是企业实现增长目标的基础。对于新消费品牌来说，组织有了新的特点，如更加年轻、扁平、灵活,这些在后面的内容里将会详细讲解。

最后需要说明的是,企业的增长战略并不是单一地追求业绩增长,而是在各模块共同作用下的合力增长。企业在制定战略目标时,可以参考图 2-1 中的金字塔模型,然后根据自身情况,分解各部分的目标。如果企业缺少这样的全景图,就很容易顾此失彼,给后续的发展埋下隐患。

三大难题,破解增长困境

企业在发展的过程中,会面临三大增长难题。

第一个是产品增长难题:我的产品功能可以满足用户需求,但是销量不佳。

第二个是用户增长难题:我有产品,但是没有用户,或者用户数量不增长。

第三个是企业增长难题:我有用户,但是收入不高;有了收入,但是利润不高;有了利润,但是企业的市值不高。

这三大增长难题分别对应了三大战场,在不同战场上需要用不同的策略(见图 2-2)。

产品增长难题对应的是产品战场,需要解决的是用户价值的问题。简单来说,就是企业的产品能为用户带来的价值要让用户清晰地感知到,不然,产品再好用户也很难发现它。

用户增长难题对应的是心智战场。企业的产品如何吸引更多的用户?其实靠的是心智占领,这里要解决的是用户认知的问题。所以,要想在用户增长上有所突破,就要强化用户的品牌认知,不断占领更多人的心智。

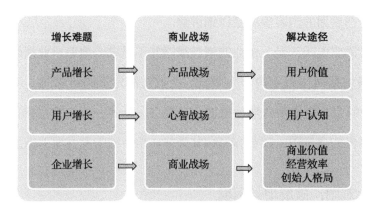

图 2-2　企业三大增长难题的破解路径

企业增长难题对应的是商业战场。有用户，但是收入不佳，背后是商业价值的问题，解决的方法是重新设计商业模式。有收入，但是利润不高，本质上是品牌经营效率的问题。我们常说企业要降本增效，市场规模和成本结构决定了企业的收入范围，如果一不降本二不增效，利润从哪里来呢？有利润，但是市值不高，这时需要创始人去做估值然后融资，本质上是创始人的问题，与产品关系不大。

针对不同阶段的难题，要知道问题出在哪里，才能知道用什么策略去解决。

四大阶段，提高核心增长力

前面我着重讲了企业如何从整体上制定战略目标，解决三大增长难题。那么，企业打造的品牌包含几个增长阶段，又有哪些需要重点关注的呢？

新消费品牌的成长，一般会经历四个增长阶段，并在每个阶段具备不同的核心增长力。

阶段一：产品增长

在这个阶段，企业要抓住品类机会，打造核心单品，满足核心人群需求。

产品是品牌增长的核心动力，也是企业成功的关键因素。一个优秀的产品，不仅是品牌理念的重要载体，代表着品牌的基调，而且能帮助品牌凝聚用户，与用户沟通。新消费品牌的第一个增长阶段就是产品的增长。抓住品类机会，洞察用户需求，打造核心单品，也是新消费品牌的常规打法。

阶段二：运营增长

在这个阶段，企业要通过扩大流量，实现爆发式增长。

品牌要想增效，关键在于运营。在这个互联网红利见顶的时代，许多新消费品牌面临运营方向不明、增长效率低的问题，只能加强对流量、内容、用户的运营，不断增加对目标人群的渗透力、复购力、延展力，才会为品牌带来更多的机会。

阶段三：矩阵增长

在这个阶段，企业要通过品类延伸，打造矩阵式产品，全方位为用户服务。

很多新消费品牌的崛起都是瞄准一个细分赛道打造超级产品，然后进行全品类矩阵式扩展。矩阵增长的目的是用户运营，即为目标用户提供全方位的产品解决方案。不过，进行品类延伸最好还是建立在超级单品已经相当成功的基础上，否则可能欲速则不达。

阶段四：品牌增长

在这个阶段，企业要通过占领用户心智，不断进行品牌升级，建立品牌阵地，形成长期资产。

打造品牌只是开始，持续升级品牌才能一直吸引善变的用户。企业通过长期运营，打造品牌特色、增强用户体验，然后利用营销不断强化品牌定位，从而形成自己的调性，不断积累品牌资产。目前，很多新消费品牌已经步入这个阶段，正在为企业长期增长积蓄力量。

三顿半的发展，就是经历了以上四个阶段：先是打造了核心单品，奠定了产品力，实现产品增长；而后在小红书和下厨房平台上投放广告，实现运营增长；接下来推出多系列产品，完成矩阵增长；最后通过用户运营、联名营销、线下活动等实现品牌增长。

总而言之，企业发展是一个艰难的过程，只有不断进化，拥有以上能力，才能穿越这些阶段，突破增长极限，并实现复利增长（见图 2-3）。

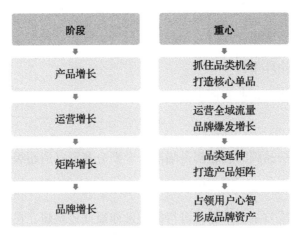

图 2-3　新消费品牌的四大增长阶段

七大优势,找到增长驱动力

企业的竞争战略一方面是基于竞争对手,找出差异点;另一方面是基于自我优势,强化差异性。竞争战略并不是企业刻意为自己找特色或者定目标,而是要有底层的优势,持续驱动企业发展。

那么,企业一般会在哪些方面形成能驱动增长的优势呢?

需求优势:抢先一步占领市场

需求优势是指企业率先发现了一个需求,然后以此为基础开发产品。最好的竞争优势是永远先人一步。假如企业率先进入一个市场,满足并引领用户需求,别的企业就会一直跟随但很难超越。

运营优势:努力经营存量市场

需求优势使企业能够占领更多的增量市场,但是运营优势更多存在于存量市场。运营优势有两种:一种是比别的企业做得好,另一种是比别的企业价格低。

在红海市场中,企业只能把某些指标做得比别人好,才能获得更多的用户。比如,巴奴火锅以毛肚和菌汤为特色,喜欢的人就会首选巴奴。

同样的产品,成本低就可以卖得更便宜,这也是一种运营优势。完美日记在大众的认知里就是大牌平替,它能做到价格低,是因为研发投入较少,在供应链方面有一定优势。这种成本结构带来的运营优势,与靠努力做好产品,提升整体效率不太一样。在存量市场中,低价竞争策略重在运营,如果不为用户提供补贴或其他福利,同水平的企业也只能拼效率了。

技术优势:掌握市场定价权

拥有技术优势的企业,一般能掌握为产品定价的主动权。就像苹果的

iPhone，每代新品一般都有技术性创新，因此能卖出远高于同行的价格。

另外，一般新产品的出现也是因为技术的发展。比如，元气森林推出的0糖饮料，因为使用了赤藓糖醇等新型甜味剂，吸引了大量目光。

流量优势：玩转各大平台

流量优势是指企业会玩流量，且不用太高的成本，就能大量引流。在这种情况下，就算转化率一般，企业总体的业绩还是好的。

流量优势关系到从公域获取流量的能力，如在微信、微博、抖音上进行营销吸引客流，餐饮店入驻点评平台为店内引流，提高坪效。有的产品甚至自带流量属性，能自发引来流量。具有流量优势的企业，大多数比较擅长洞察用户的心理。

用户优势：持续形成复购

用户优势是指企业找到了撬动用户关系的杠杆，维系用户关系，并能通过各种手段使用户的价值最大化。例如，打造私域流量池，积累一批高黏性用户，进而形成持续性复购。

数据优势：发掘商业价值

数据优势是指企业利用数据找到了能变现的商业价值。比如，企业在用户数据、销售数据、营销数据等一系列数据方面有优势，就可以充分利用数据分析原因、洞察需求、寻找解决方案等。

认知优势：站得高走得远

这里说的认知并不是消费者对品牌的认知，而是初创团队的认知。即使是同一个行业，不同的初创团队有着不同的认知，自然也有不同的经营模式，一个企业的成长很大程度上受初创团队影响。

上面提到的这些增长优势，并不是孤立存在的。一个发展良好的企业往往同时具备几个优势，西式速食品牌空刻意面能快速崛起，就是因为同时具备了多种增长优势。

2019 年，空刻意面的创始人王义超发现国内崛起的速食品牌基本都集中在拉面和螺蛳粉等中式食品领域，而西式速食却鲜有人尝试，目前市场还处于空白状态。于是，空刻意面的团队决定开辟西式速食赛道。经过调查分析，他们将目标锁定在意面市场。为了打造出让消费者满意的产品，空刻意面经过多次实验，最终采用高温高压技术和铝箔机的锁鲜技术，在不额外使用防腐剂的情况下，让消费者在家就能享受到正宗的意面。

空刻意面团队首创了一人份意面，而且受口红包装的启发，他们决定一改常规的食品包装，用醒目的 logo 和明亮的色块搭配，让空刻意面的包装看起来更像化妆品盒子。

接着空刻意面邀请头部主播带货，提高了品牌知名度；同时在小红书、B 站、微博等平台投放推广，迅速吸引了诸多年轻用户。由于产品获得一致认可，还引发了用户的自传播。

2020 年，仅成立一年的空刻意面销售额就超过了 1 亿元；2021 年"双十一"期间，空刻意面成为天猫"双十一"意面类目第一，占领了天猫意面 77.3% 的市场份额。

如果用前面提到的增长战略来分析，我们会发现空刻意面拥有以下几个增长驱动力。

- 发现需求：为什么市场上没有西式速食产品？
- 品类定位：在家就能吃的意面。
- 关键技术：材料和包装存在优势。
- 流量曝光：各大平台推广，尤其是头部主播带货。
- 转化承接：天猫、淘宝平台做好爆品流量承接。

由此可见，空刻意面的增长优势组合为需求优势＋技术优势＋流量优势＋认知优势。

把握创业机遇，做好品牌定位

把握战略性机遇，紧抓创业风口

创业者在创业之时，可能面临两种重大机遇：一种是战略性机遇，另一种是增长性机遇。战略性机遇十分考验创始人的眼光和格局，重在考验创始人是否发掘了比较大的增量市场，也就是常说的风口。

市场上常见的战略性机遇，主要有以下几种。

机遇1：颠覆性创新，出现新商机

常见的比较大的战略性机遇，多是因技术创新带来行业变革，从而使整体消费者的需求发生变化。比如空调代替了电风扇，智能手机代替了非智能手机。新事物的出现，必然会颠覆之前的市场，带来新的商机。

就像现在的新能源汽车，为什么明明没有宝马、奔驰有名，但是仍然可以卖得那么贵？因为在大众眼里，新能源汽车不仅仅是交通工具，还是智能终端，更是未来的发展趋势，很多消费者对此达成了共识。只要消费者的需求能得到满足，哪怕产品卖得贵，消费者都愿意为之买单。

机遇 2：品类分化，出现细分市场

技术创新导致消费者需求发生变化，不同人群的不同特征也会导致更加细分的市场出现，也就是品类分化。

（1）从人群市场切入。

针对年轻群体，江小白推出了青春小酒；面对老年群体，足力健开创了老人鞋品类；针对更多下沉人群，拼多多创建了社交电商。

目前兴起的新消费创业潮，基本上是围绕年轻群体的需求开创新的产品品类。比如元气森林的 0 糖饮料，满足了年轻人想要喝健康饮料的需求；王饱饱的麦片好吃又饱腹，满足了年轻人想要吃饱又不长胖的需求。

（2）从某一功能点切入。

由于某类人群对某一功能有特定需求，也会出现更加细分的市场。有人买手机追求拍照好看，因此，以拍照为卖点的手机出现了。

（3）从场景切入。

现在很多的新消费品牌以场景切入的方式打开了新的市场。三顿半就是针对在家或办公室喝咖啡这个场景打造的。

以上三种切入点虽然属于细分市场切入，但是相应细分市场有一定的消费者规模，对品牌来说也是难得的战略性机遇。

机遇 3：基建红利，抢占先机

抓住战略性商机并非易事，往往需要创业者在关键时刻做出正确的决策。

饿了么在 2008 年成立时，其实很多人并不看好它。但是随着智能手机的普及，手机功能多样且可以安装大量应用，这为外卖的发展提供了基础。饿了么抓住这次机遇，成为受益者。此时，很多同类创业者涌入外卖市场。直到阿里、美团、百度等巨头也开始涉足外卖，人们认为发展外卖市场是大势所趋，但是在这种情况下，新的创业者已很难介入。

外卖、拼车等创业机遇，都是享受了一定的基建红利。现在的新消费创业，很大程度上也享受到了数字化的基建红利。此外，创业者进入一个行业的时间点也很重要，进入时间较早可以抢占先机，而当行业发展起来被人们看好时，再进入其实已经晚了。

机遇 4：重新定义，创造新需求

汤臣倍健旗下健力多有一款氨糖软骨素钙片，主要针对老年群体，虽然补钙观念已经深入人心，但是市场上的同类产品太多，这款产品并没有太高的辨识度，因此销量一般。于是健力多另辟蹊径，基于产品中的氨糖成分可以形成软骨细胞，针对老年人呵护关节的需求，提出了"补软骨护关节"的概念。这个概念一出就引发了广大消费者的关注，产品销量也大幅提升。就这样，健力多通过重新定义产品，创造了新需求。

如果一个行业同质化太严重，企业可以借鉴上述方法，让产品与消费者痛点相联系，创造新的需求。比如，海底捞向人们标榜吃的不是火锅而是服务。从此，服务不再只是产品的附属，而成了一项主要的决定因素。

企业创造新需求并不是简单地为产品找一个卖点，而是提出一个新的概念，满足了曾被人们忽略的需求。

三大运营，把握增长性机遇

增长性机遇是指企业没有遇见跨越式发展的大风口，只能乖乖地在存量市场上做增长运营，从而赢得市场和用户的现象。对增长性机遇的运营，主要包括对流量、用户和内容的运营，目的是促进交易、增强关系和建立认知。

流量运营，促进交易

流量运营就是利用流量把产品卖出去，不断实现获客、转化、复购。例如，从产品入手挖掘更多卖点，或通过促销手段增加销量。总之就是企业利用一切手段，找到流量并把产品卖出去。

舒肤佳的肥皂能够畅销，主要因为其高效除菌的卖点。尤其是针对有孩童的家庭，由于孩子经常用手乱摸东西，很容易沾染细菌，甚至因此生病，这个痛点让家长心生恐惧。所以，家长希望肥皂不仅能清除污渍，而且能去除看不见的细菌，舒肤佳正好满足了这个需求，也用这种方式，确定了流量的来源。

用户运营，增强关系

用户运营重在通过经营关系增强用户的黏性，会员管理、私域流量维系都属于用户运营。

目前，大多数品牌都是将从公域转化而来的用户，沉淀在微信群里进行集中管理，但是有一个叫兰希黎的护肤品牌很与众不同。这个品牌的客服会跟每一位用户一对一沟通，从聊天过程中深挖需求，从而进行产品推销。兰希黎想和用户建立亲密无间的关系，让他们对品牌产生极致信任，这样无论品牌推荐什么产品，用户都会购买。

兰希黎的理念是"不是把1个商品卖给1000个人，而是把1000个商品卖给1个人"。这种高黏性、高互动的陪伴式用户运营，可以有效推动用户持续复购。单靠这种方式，兰希黎每年通过私域运营产生的销售额就有6000万元。

内容运营，建立认知

内容运营是提高用户认知、占领用户心智的有效方法。

与其说太二酸菜鱼是靠酸菜出名，不如说它是靠内容出圈。太二酸菜鱼从成立之初就具有很强的内容属性。

（1）打造漫画风格的微信公众号。

太二酸菜鱼的微信公众号采用了很多漫画，利用有趣的段子及卡通形象，输出极具影响力的内容，这样既加深了用户对品牌的印象，又勾起用户的好奇心和互动欲。

（2）门店也是内容阵地。

在太二酸菜鱼的门店里，处处用图文形式彰显"二"文化，如用漫画版的"小二哥""二老板"形象作为文化输出亮点，打造"酸菜比鱼好吃"的标语，门店充满了太二的风格。

不仅如此，太二酸菜鱼在线下设立周年快闪店，装潢采用博物馆、中医馆、发廊等元素，让人觉得"拽"得离谱，但又"二"在情理之中。

（3）抖音、微博、小红书辅助品宣。

太二酸菜鱼在小红书上发布攻略，在抖音上主攻情景剧，在微博上制造话题，不仅有好玩的暗号吸引用户到店吃鱼，还输出了"二"文化加强用户认知。

太二酸菜鱼还有特有的社群文化和创意十足的周边产品，就这样用漫画的形象和强烈的文案风格，在用户心中留下了深刻的印象。

选赛道的逻辑：寻找增量市场

增量市场往往代表更多、更大的创业机会。在增量市场中，一个行业会经历从无到有、从小到大、从发现需求到满足需求的过程，且在一段时间内保持持续增长。但是，存量市场是一个相对确定的、饱和的市场，没有明显的增长趋势，甚至会出现负增长。

好的创业时机，就是能找到一个增量市场作为突破口；好的企业发展，就是不断找到增量市场。那么，如何判断你所在的行业或品类，是处于增量市场还是存量市场呢？

有一种直观的方法是将该品类在某时段零售额同比增长率与我国社会消费品零售总额同比增长率相比较。

存量市场满足：零售额同比增长率＜我国社会消费品零售总额同比增长率。

增量市场满足：零售额同比增长率＞我国社会消费品零售总额同比增长率。

例如，据国家统计局数据显示，2021 年 1～10 月，我国社会消费品零售总额为 358 511 亿元，同比增长 14.9%。同时段化妆品行业限额以上单位零售总额为 3097 亿元，同比增长 16.7%，很明显属于增量市场。汽车行业的零售总额同比增长 12.2%，很明显属于存量市场；细分的新能源汽车行业同比增长高达176.6%，是妥妥的增量市场。

需要说明的是，这些数据就算再精准，也只是对过去市场的验证与判断，而创业更多需要对未来市场进行预测，需要有超前的视野。

那么，判断增量市场的底层逻辑是什么呢？什么时候才是最佳入局期呢？

增量市场，不是一个固定不变的市场，而是需求远远大于供给的一系列窗口期。对于创业者来说，过早或者过晚入局一个市场，基本都是死路一条。

一般行业生命周期分为引入期、成长期、成熟期和衰落期四个阶段（见图2-4）。

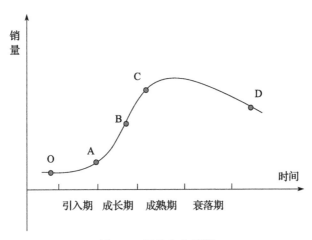

图2-4　行业生命周期

（1）O点入局：有潜在需求，但离成长期很远。

有些创始人发现商机时间太早，由于市场接受度低，难逃失败的命运。国外的生鲜电商品牌WebVan在20世纪90年代就发现了在线购买生鲜的潜在需求，但是它最终由于业绩不佳破产了。然而现在，在线购买生鲜是多么平常的事。

（2）A点入局：有一定需求，且增长迅猛。

毫无疑问，这是最佳的入局时期，这时市场需求远大于供给，流量自然多。而且这个时期没有大公司进入，市场竞争程度低，创业者应该快速抢占先机。

（3）B点入局：需求量大增，但竞争激烈。

此时，整个行业属于上升期，但是由于市场明朗，很多竞争对手涌入，尤其是实力雄厚的大公司入局。如果这个时候入局，新的创业者没有强大的实力支撑，很容易卷入激励竞争继而被淘汰。

（4）C点入局：需求量很大，但已经过了成长期。

如果创办一家生产智能手机的企业，此时手机的需求量很大，但是供给可能更大，市场趋于饱和，竞争十分激烈，即使是实力雄厚的大企业入局，也很难突破现有的局面。

（5）D点入局：需求量很小，且没有增长空间。

假如创业者发现，自己选择的创业项目市场需求量很小且没有增长空间，如在21世纪创建一家生产胶卷的企业，那自然是不可能大获成功的。

因此，A点处于需求大于供给、增长迅猛且适合入局的增量市场，B点处于需求大致可被供给满足，而O点、C点、D点要么是供给大于需求，要么是需求没被激发。

需要注意的是，增量市场不是固定不变的，而是存在一个动态的变化过程，而且需求和供给之间的缺口越大，创业机会也越多，创业的过程就是不断寻找 A 点的过程。

品牌定位：成为品类领导者

在商业领域有两本对企业发展产生了深远影响的书：一本是杰弗里·摩尔的《跨越鸿沟》，另一本是艾·里斯与杰克·特劳特合著的《定位》。

《跨越鸿沟》为企业从早期市场迈入主流市场制定了一个非常具体的作战计划：首先，企业需要找到一个细分市场，规划产品、找准定位；然后，尽全力成为这个细分市场的领导者；之后，凭借在细分市场中积累起来的品牌优势，扩展至更多的细分市场，直至拿下整个主流市场。几乎所有的新消费品牌，都是按照这个策略一步步打开市场的。

就拿零食巨头三只松鼠举例，它先是确定了坚果类零食的细分市场，开创线上坚果类零食品牌的先河，2012 年"双十一"期间三只松鼠一跃成为淘宝坚果品类第一。而后又利用线上大规模引流，在热播电视剧中植入广告，三只松鼠迅速在消费者心中建立品牌认知。与此同时，三只松鼠不断扩充产品品类，涉及面包糕点、肉食卤味、方便速食，目前三只松鼠已经成为全品类休闲零食品牌。

为什么要成为品类领导者呢？

哈佛大学心理学家乔治·米勒博士的研究指出：普通人的心智不能同时处理七个以上单位的信息。换句话说，就是在同一品类下，消费者最多只能记住七个品牌。比如，提到手机品牌，我们能想到的多半是苹果、华为、小米、三星；提到汽水品牌，我们能想到的大概率是可口可乐和百事可乐。更有甚者只能记住一个品牌，比如去屑的洗发水，很多消费者只认海飞丝。

在这个信息大爆炸的时代，鉴于消费者的心智能力有限，每个品牌只有做好差异化定位，成为消费者心中的品类第一，才能成为消费者购买的首选。

艾·里斯与杰克·特劳特合著的《定位》给出了具体的定位策略。定位的前提是做好企业自身、竞争对手和消费者分析，挖掘消费者心中未被竞争对手占领的空白，然后进行差异化定位，具体分为如下步骤。

- 分析市场环境，确定竞品，明确价值。
- 回避竞品的优势，或者发现竞品的劣势，明确自身品牌的优势，做出差异化定位。
- 为品牌差异化定位找到一个可靠的证明，让其真实可信。
- 将差异化定位融入企业各方面，加大传播力度，将其植入消费者心中。

定位理论几乎成了中国企业制定品牌战略时一定要参考的准则，而且纵观市场上的新消费品牌，无一不是利用了这个理论。比如，元气森林作为饮料品牌，它的竞品无疑是可口可乐、农夫山泉等饮料巨头，所以它绕开这些巨头的优势，做出使用赤藓糖醇的差异化定位，并以无糖饮料专家的身份在媒体平台大力宣传，最后占领了消费者的心智。

常见的差异化定位具体有以下几种。

（1）成为品类领导者。

品牌将自己置于细分品类的领先地位，如开创者、领军者等，浪潮新消费统计了部分 2021 年中国最具价值新品牌中强调品类地位的案例（见表 2-1）。

表 2-1 新消费品牌定位强调品类地位案例

品类	品牌	定位
食品	王小卤	虎皮凤爪第一品牌
	空刻意面	方便意面开创者
	自嗨锅	新消费方便速食领导品牌
酒水饮料	奈雪	做茶文化走向世界的创新者与推动者
	元气森林	0 糖 0 脂 0 卡饮料的创新国货引领者
美妆个护	花西子	东方彩妆第一品牌
生活方式	泡泡玛特	IP 潮玩开创者

（2）与领导者相关联。

做不了品类第一，那就与第一发生关联，分析品类第一的产品，找到突破点，以确定自身的优势。巴奴火锅的口号"服务不过度，样样都讲究"就是和以服务为卖点的海底捞相关联。

（3）人群差异化。

品牌要发现竞争对手在目标人群上的空位，可以是被忽略的人群，也可以是将人群进一步细分。比如，米客米酒的定位是新生代米酒第一品牌，bebebus 的定位是悦己妈妈的时尚母婴品牌。

（4）价格差异化。

品牌可以寻找竞争对手在价格上的空白地带，从价格差异化入手。比如，鱼眼咖啡的定位是好喝不贵的品质咖啡连锁品牌，就是在价格上做出了区分。

（5）功能差异化。

与竞争对手不同，品牌可以找到自己在功能方面的优势，占领消费者心智。比如，smeal 的定位是功能营养食品领导者，王老吉的广告语是"怕上火，就喝王老吉"。

（6）情感差异化。

此外，品牌还可以赋予产品独特的情感价值，进行差异化竞争。比如，KEEP 的口号是"自律给我自由"，内外——一切都好，自在内外。

以上是品牌常用的差异化定位方法，现在的新消费品牌创业者都掌握了一定的商业理论，且深谙消费者心理，在打法上也比较专业，不再是摸着石头过河。

品牌理念，引发用户认同

品牌理念就像一个品牌的信仰，指引着品牌的行为和发展方向。

我曾接触过一个女性果酒品牌，电商运营能力很强，一开始淘宝数据很好，但是它的包装和详情页设计不够美观，根本看不出它要向消费者传递什么。而且，该品牌识别度不高，放在同类产品中一点也不显眼。自然，后续的留存、复购就存在问题。

为什么会出现这种情况呢？因为这个品牌缺少品牌理念，没有灵魂，就算产品体验不错，但是消费者记不住它；就算它包装漂亮，但是空有皮囊、没有态度，消费者很难对它产生忠诚度。

因此，企业在创建品牌的时候，一定要明确品牌理念，知道要向消费者传递怎样的价值主张。比如，美妆品牌花西子想传达极具特色的东方美学,于是所有的产品、内容都围绕这个理念输出。

那么,要如何确定品牌理念呢?

有些团队比较幸运,在品牌创立之初已经形成明确的品牌理念,但是大部分品牌可能一开始并没有清晰的认知,而是后来条件成熟或不得已时去挖掘,甚至再去升级自己的理念。

牛奶品牌认养一头牛在成立两年后,又重新梳理了品牌理念和战略。品牌一开始的理念是为消费者提供好牛奶,而且在不同渠道的表达也不太一样:"好牛奶,从牧场直达餐桌""你能看见,好牛奶的诞生""做一杯让中国人放心的好牛奶"等。但是,到底什么是好牛奶呢?认养一头牛没有明确界定,消费者也不能马上就明白。

从行业角度来看,好牛奶的标准包括营养成分、口味、奶源和产品背书等几个方面。在这些方面,认养一头牛又有什么独特性呢?

经过分析,认养一头牛比较有竞争力的是奶源。不过,这个角度并不新奇,因为早就有品牌以此为卖点(如沙漠有机奶),而且从这个角度出发构建的品牌独特性也不够直观。一个成功的品牌,不仅要有独特的、差异化的价值主张,而且要让消费者马上领悟。

经过不断讨论,最终认养一头牛品牌价值的落脚点定在了"养牛"而不是"牧场"上。要知道,在这之前,从来没有企业将"养牛"作为品牌的理念。认养一头牛很快梳理出了品牌的理念:"奶牛养得好,牛奶才会好"。

品牌理念梳理出来了,要怎么对外传达呢?首先在语言文字上,认养一头牛将品牌的养牛特色归结为"五好"。

- 心情好！每头牛都会听音乐、做 SPA。
- 吃得好！每头牛每天伙食费约 80 元。
- 住得好！每头牛都配有"保孕院""产房""幼儿园"。
- 工作好！每头牛都有"带薪年假"和定期体检。
- 出身好！每头牛的血统均可查到系谱档案。

奶牛还能做 SPA、听音乐、享受"带薪年假"，是不是画面一下子就在眼前出现了？这样消费者理解起来更直观了。

那在视觉上怎样传达呢？

由于认养一头牛本身就是牛奶品牌，自然会选择奶牛作为品牌形象。认养一头牛的品牌形象是一只又憨又可爱的奶牛卡通形象，让消费者觉得治愈又温暖，而且在整体的色彩设计上，以清新自然为基调，让人好感度提升。

有人觉得好的视觉标准，不单纯是要好看，还要有个性，形成记忆点。品牌的视觉传达也是一样，画面无须多么艳丽，但是一定能让人有代入感、冲击感。

这里的代入感是指能与消费者产生情感连接，激发其身份和价值观等方面的情感。冲击感是指有效区分于竞品，瞬间吸引消费者的注意力。如果兼具这两大特点，消费者很容易记住这个品牌。

除了用以上方法来传达品牌的理念，品牌还可以利用活动向消费者渗透。比如，和其他品牌联名，开发 IP 衍生品，开设快闪店，通过增加品牌曝光加深消费者对品牌的印象。

后来，认养一头牛还陆续设计了"认养星推官"计划和"牛人故事"计划。认养星推官是请明星在直播间带货，邀请他们认养奶牛；牛人故事则是企业创始人、高管一起参与的故事共创活动。

目前认养一头牛已经发展壮大，随着产品品种的不断扩充，品牌形象也在不断升级，但是"奶牛养得好，牛奶才会好"的核心理念，一直贯穿在品牌的方方面面。

所以，新消费品牌想要成功，一是要根据自身优势、特色，挖掘品牌理念；二是要站在消费者的角度，全面传达品牌理念，具体要在以下几个方面进行设定。

- 语言设定：用什么方式表达，让消费者易感知和接受。
- 人格设定：用什么形象传达理念，连接消费者。
- 视觉设定：用什么产品设计方案能和竞品相区分，吸引消费者。
- 行动设定：用什么活动与消费者建立联系。

可能不同人对于品牌理念有不同的理解，不同企业也有不同的打法，无论如何，理念对于一个品牌来说至关重要。

CHAPTER 3
第 3 章

打造超级单品，引爆新消费市场

超级单品：高需求、自传播、强转化

超级单品，也可以说是爆品，大多具备三个特性：高需求、自传播、强转化。高需求的产品属于卖方市场，用户会主动购买，品牌不愁产品卖不出去。自传播的产品自带"网红"属性，不用品牌做宣传就能让用户自发分享。强转化的产品让用户容易决策，商家不用想办法促销，用户就能迅速下单。

高需求解决的是产品的问题，自传播解决的是流量的问题，强转化解决的是变现的问题。具备这三个特征的产品，自然会吸引目标用户，引发购买热潮。

高需求产品，自带购买力

什么样的产品才是高需求产品呢？

首先，有明确的目标用户。

产品拥有明确的目标用户，品牌就能知道产品要解决谁的需求，并可以有针对地开展营销活动。如果目标用户不清晰，用户就不能对号入座，品牌也难以开展针对性的营销活动。

其次，引发强烈的消费兴趣。

这个产品是不是用户的刚需？他看到产品时有没有消费冲动？用户对产品的消费欲望不仅来自它的功能，文案和包装也有很大的刺激作用。

最后，有一定的催化助力。

用户对产品有强烈的消费兴趣并不代表他就会立即购买，有时还需要一些外部因素的催化，如打折促销、红包补贴等，促使他马上做出购买决策。

那么如何打造高需求产品呢？

第一，选增量赛道，打造高需求产品。

高需求产品产生于增量市场。我在第二章提过，增量市场是需求远远大于供给的市场。在这个市场中，用户的消费欲望高，品牌的竞争对手少，用户比较容易产生购买行为。

比如，元气森林在入局饮料市场时，人们早就对无糖饮料有很高的需求，尽管可口可乐也推出过类似概念的产品，但是基本上都是已有产品的改良版，这时元气森林推出使用赤藓糖醇的无糖气泡水产品，让用户眼前一亮，自然很容易引发购买热潮。

第二，从单点入手，找寻最大突破点。

品牌对外要找增量市场，对内要寻求单点突破，就像钉子比木条更容易钉进墙壁，品牌要在产品上找到那个穿透力最强的点，撬开用户的消费欲望。

所以，品牌不能用大而全的思维向用户展示自己繁多的产品，而要从最能刺激用户痛点的地方切入。比如，元气森林是以"0糖"为最大特点，而不是简单以口味区分，这就十分符合当下年轻用户的需求。另外，场景也是很好的切入点，如三顿半推出在家或办公室也能喝的超即溶精品咖啡。

需要注意的是，产品在上市之初不用找太多的卖点，而是集中力量从工艺、成分、功能等一系列差异化优势中找出一个亮点，进行极致化打磨，实现单点突围。

第三，借助外力，激发用户需求。

不管是在产品功能、包装设计还是促销手段上，企业都可以借助一定的外力，激发用户的购买需求。比如，相对于普通牙刷来说，电动牙刷是耐用品，但是品牌可以为这种低频的产品配上一个高频的耗材，如电动牙刷的刷头需要三个月换一次，以此大大提升需求度。因为用户买了一个这样的产品，就需要再购买其他的东西跟它搭配。除了电动牙刷，毛巾原本也是耐用品，但是把它变成洗脸巾，就变成了高需求的产品。

第四，卖点投射，切中用户痛点。

前面讲了品牌要单点突破，集中以一个大的功能点撬动用户，这个功能点还要转化成卖点，让用户感受到产品的价值，也就是切中用户的痛点，卖点一旦和痛点打通，用户的需求度就会大大提高。

比如，vivo 某款手机的广告语"2000 万柔光双摄，照亮你的美"就是将手机拍照的最大功能点与手机原相机拍照不好看的用户痛点建立了连接，从而激发了这类用户的需求。

以上四点是打造高需求产品的常见方法，正在为此问题苦恼的品牌可以适当参考。

两个要素,让产品自传播

一个事件的传播度,一是依赖事件本身的影响力,二是与其借助的媒介力量有关。

事件本身的影响力

一个事件有多大的爆发力,涉及范围多广,以及涉及多少人群,要看大家对它的关注度和事件本身的价值。比如,2022年,某明星在直播间健身引发热潮,很多网友晒出自己健身的视频。在这个事件中,除了有居家娱乐活动较少的因素,健身这件事本身的价值也是重要因素。

媒介的力量

传播消息时,拿着高音喇叭喊和不拿高音喇叭喊,声量完全不一样。品牌在中央电视台做广告,肯定比在地方电视台做广告影响力大;找头部主播带货,肯定比找尾部主播话题性强。所以,借助的媒介越强,传播的效果就越佳。

另外,在传播密度上,品牌选择发声的人数不同,传播的效果肯定也不同。就像现在品牌在小红书、抖音上密集投放广告,人们刷到的多,自然就觉得这个品牌火。

现实中,很多品牌借助有力的媒介,取得了很好的传播效果。自然护肤品牌半亩花田借助小红书上的KOL,针对磨砂膏这一款产品使用前后的效果对比进行大力推广。由于投放内容质量较高,单篇内容就能获得大量关注,半亩花田也逐渐被消费者熟知。

不难理解，如果产品本身自带流量，再加上有力的媒介，传播效果不可估量。

什么样的产品具有自传播属性呢？我认为有以下四种。

- 能带动消费者情绪、引发共鸣。
- 具有功利导向，如购买产品可参与扫码抽奖、分享有礼活动。
- 功能强大、效果惊艳，让消费者忍不住推荐。
- 触发社交价值，是身份、圈层象征，让消费者自发分享。

在打造产品时，品牌就要秉持这样的理念：产品本身就是广告位。如果品牌卖出去 10 万个产品，就产生 10 万次传播，而且这种传播方式成本小，效果反而更好，同时触达的也是目标用户。再者，品牌最好将产品内容化，而不是单纯依靠广告宣传。如果利用好产品的以上特点，品牌就可以有效促进产品的自传播。

品牌在产品打造环节需要提前考虑到产品在以下场景中的传播效果。

1. 购买前

品牌在设计产品前，一定要明确包装的两大功能：一是让用户快速发现产品，二是促使用户做出消费决策。因此，产品包装要有差异化，才能有效吸引用户。同时，包装还可以配上合适的文案，促进用户的传播和购买。像三顿半的包装本身就做得好看，又和同类产品相比有明显的差异，因为在设计产品时，品牌就考虑到了产品的自传播。

2. 购买后

我们常看到 KOL 的开箱体验，到底是什么会激发用户在拿到产品后就想拍照、分享呢？可能是产品在设计、质感、配套服务上非常有亮点，比如在打开三只松鼠的礼盒时，能看到商家贴心准备的垃圾袋、小工具、餐巾纸。有些品牌在产品的文案中说出了自己心里话，或表达了自己的美好愿望。比如有一种饼干设计成了幸运符的形式，上面印有财运大吉、今日幸运眷顾、日进斗金等文案，用户拿到手就会忍不住发朋友圈分享。

3. 使用中

为什么当我们入住一个有特色的民宿时会拍照，去了某个美丽的景点会忍不住发朋友圈？因为这为塑造我们的幸福感和社交形象加分。现在有很多新消费品牌非常重视用户的体验，特意打造出场景化、沉浸式的门店，让门店本身成为网红打卡点。比如三顿半的门店、橘朵的快闪店，就是利用这种方法吸引用户的。

4. 使用后

产品在使用后，如何引发用户的传播呢？东北大板雪糕的走红，是因为用户品尝之后，觉得它这么好吃却这么便宜，用后体验大大超过了自己的预期。所以如果产品本身功能强大、品质好，自然会形成主动传播。

另外，除了产品本身的功能，品牌还可以设置彩蛋，像三顿半的咖啡包装还能种植物、收纳可爱的小物件，为后续的用户传播提供了好素材。

现在的品牌不仅是产品研发商，还是流量运营商、用户运营商，甚至是内容生产商，只有同时具备这些思维，品牌才能更好地打造传播性强的爆品。

强转化：市场竞争小，用户易决策

爆品不仅具备高需求、自传播的特征，更重要的是能够强转化。衡量一个产品价值的最好方式就是看用户愿不愿意为之付费。

要知道，销售转化才是品牌最根本的目的，如果产品被夸得天花乱坠，但是人们不愿花钱购买，那么品牌之前所有的努力都将化为泡影。

一个优秀的产品，必定会引发用户的购买行为，像王饱饱、元气森林、花西子等的产品都是一投入市场就吸引众多用户购买，短时间内就实现销售额破亿，甚至登上各种榜单的首位。

那么，怎么做到强转化呢？

强转化的背后，起决定性作用的是用户的购买动机。不难理解，用户的购买动机越大，则意味着需求越大，一个产品越是能满足用户的核心需求，就越能带来高转化率。

我在前面讲过，在需求大于供给的增量市场，用户消费欲望高，同时企业竞争对手少，用户可选择的余地小，能迅速做决策，在这种情况下产品的转化率自然就高。所以，爆品的转化率高，往往是因为选择了增量市场。

那么，具体应该怎么挖掘增量市场呢？下面我从人群和需求的角度进行详细讲解。根据人群和需求表现出的不同的显性和隐性特质，可以组合出四种情况。

隐性人群、隐性需求

隐性人群的隐性需求是指一般不被大家发现、不被品牌所关注的需求。比如康师傅不会做速食意面，可能是这个市场太小，不被它重视，但这个市场中存在康师傅的隐性人群、隐性需求。空刻意面就率先发掘了这个市场。

这种市场如果被品牌发掘，它就占有一定的先机，同行的进入，也需要一个过程。因此，这时市场竞争最小，用户需求最大、决策最快，自然转化率最高，这是第一增量市场。

隐性人群、显性需求

这种情况属于品牌都知道存在这个需求，但就是没找到合适的群体作为切入点。比如，健康管理这个显性需求人人都有，但是基本没有人去发掘高净值女性这个群体的健康需求，对她们来说健康很重要，而且用更好的方式满足健康需求更重要。

如果你率先找到了隐性人群，一开始市场竞争小、转化率较高，但是后来随着多个竞争者涌入，市场会越来越难做。这是第二增量市场。

显性人群、隐性需求

这种情况属于大家都知道存在这个人群，但没有发觉他们的某种需求。比如，女性群体是显性人群，但是妇科健康管理就是一个隐性需求。这种需求如果被发现，一开始转化率较高，但是后面随着同行介入，需求会被稀释。这是第三增量市场。

显性人群、显性需求

这种情况是大家都知道存在这类人群，也知道他们的需求，而且在努力寻求解决方案。比如，大部分人都有美容的需求，企业率先找到了某种解决方案，但是由于这类人群和对应需求都太明显了，别的企业也会发力，所以留给自己领跑的时间较短，不过转化率相对于存量市场还是比较高的，这就是第四增量市场。

以上情况发生在增量市场，因为消费者需求量较大、市场竞争程度较低，只要产品能满足他们的核心需求，一般转化率就比较高。但是到了存量市场，用户尽管有需求、有动机，但是由于市场上同类产品太多，他们做决策时就会有困难。比如，当我们的洗发水没了需要买一瓶新的时，无论是超市的货架上，还是淘宝等电商平台上，各种香味、各种功能的洗发水都在等着我们选择，这时就不是满足核心需求那么简单了。

那么，品牌又该如何促进转化呢？

首先，占领心智，成为消费者的第一选择。

如果消费者心中有明确的选择，即使面对众多同类产品，也能快速做出决策，直接购买心仪的产品。在这种情况下，一定是这个品牌已经占领了消费者的心智，且质量、功能、价格也都合适。

那么如何占领消费者的心智呢？前面提到了，要想成为品类领导者，除了做好产品，品牌还要做营销和消费者运营，不断引发消费者的复购。

其次，用促销活动，引发购买冲动。

如果消费者心中并没有明确的选择，但在逛超市或者线上浏览时，恰好遇到了力度非常大的促销活动，这时他不会有太多的考虑，也能马上决定购买。

最后，用其他亮点，吸引消费者购买。

如果消费者既没有第一选择，也没有遇到促销活动，那么就会从几种产品中慢慢挑选，择优购买。那么，哪些因素会促使消费者做出购买决策呢？我认为有五个因素：卖点突出、包装好看、价格便宜、操作简单、消费高频。

总之，消费者越容易做出决策，产品就卖得越快，转化率就越高。所以，企业可以从卖点、包装、价格、产品寿命等方面进行完善，以做出有竞争力的产品。

另外，消费市场分为四个市场阶段，不同层次的消费者有不同的需求，在他们购物时影响决策的主要因素也不同（见表3-1）。

表 3-1　不同层次消费市场情况及主要决策因素

市场阶段	消费情况	决策因素
第1阶段	低端消费、同质化严重、价格因素影响大	同类产品选价优
第2阶段	中端消费、追求差异化、功能因素影响大	人无我有，人有我优
第3阶段	中高端消费、考虑功能因素、注重身份表达	社交名片化
第4阶段	圈层划分严重、注重精神、情感因素	追求生活理念、表达自我

从表3-1中可以看出，在不同的消费市场，用户的决策因素不同。在比较低端的市场，消费者更重视性价比，而稍微高端点的市场，消费者更重视社交、精神、自我的追求。品牌可以针对不同市场的消费人群进行产品规划。

综合以上所有内容，品牌要想打造强转化的爆品，就要不断地寻找增量市场。如果到了存量市场，还想持续做强转化的爆品，就要针对不同层次的消费者，在营销、产品功能、包装、价格等方面多下功夫。

从需求到上市，产品打造全流程

三大要素，打造受欢迎的产品

打造产品时，要把握以下三个关键问题。

- 产品的目标群体是谁？
- 这个群体有什么特定需求？
- 品牌能给出什么解决方案？

可以看出，目标群体、特定需求、解决方案是打造受欢迎产品的三大要素。以上三大要素可以简单概括为一句话：产品就是满足目标群体特定需求的解决方案。只有满足了这三个要素，才算跨过了打造爆品的基础门槛。

从我研究的上百个案例来看，凡是能做得不错的品牌，三大问题都想得非常清楚。尤其是近年崛起的内外、Ubras、蕉内等内衣品牌，都是以女性为目标群体。

针对有内衣需求的女性，品牌会根据年龄和身份将她们分为多个群体，不同背景下的她们，分别有各自的标签和追求。随着女性意识的觉醒，她们在内衣上更加看重自己的体验和感受，悦己、舒适、无钢圈成为新的共性需求。但是不同的细分人群，需求也会有差别。那么，具体的需求都有哪些呢？

- **重视自我**：现在的女性早已不将美观作为唯一追求，反而重视自我感受，取悦自我。
- **科技创新**：现在的女性更加重视科技创新，有对面料革新带来的健康性和舒适度需求。
- **审美体验**：除了重视产品的品质和功能外，颜值同样是考虑因素。
- **极致性价比**：除了消费升级，极致性价比依然有很大的市场需求，只不过现在的年轻消费者并不是一味追求价格低,而是在综合考虑品质、感受的基础上,选择价格更低的产品。

- **场景需求**:内衣场景化搭配需求增多,多个品类迎来新一轮增长。
- **情感共鸣**:年轻消费者更加注重产品带来的精神满足,也更加重视产品的精神内核。
- **特殊细分需求**:随着消费者需求更加细分,一些人群的特殊需求也被发现,进而演变为新的卖点。

针对以上人群的需求,各品牌找到了以下解决方案。

Ubras:极致产品型

Ubras是极致产品型的代表,针对女性经常选不准内衣尺码的痛点,提出了无尺码内衣的概念。正是Ubras看到女性越来越重视内衣的舒适度,且在不同场景下有内衣搭配的需求,Ubras研发出了一种更具包容性的水滴形模杯,经过对不同人群的测试,多种身材的消费者都有舒适的穿着体验,有效地减少了女性选择内衣尺码及穿搭的烦恼。另外,Ubras所采用的科技纱线,能给女性带来极致的舒适感。

蕉内:体感科技、悦己美学型

蕉内洞察到了新一代女性个性化的审美需求,在产品展示和形象设计上给人带来很强的科技感和美学体验。蕉内打造出了一种全新体感的产品:用银皮抗菌技术抗菌除臭;联合研发热装备"Airwarm热皮"对抗寒冷天气;利用秒吸降温技术吸汗。不仅如此,蕉内还提出"无感内衣"概念,去掉令人难受的缝制标签,充分满足了女性的悦己需求。

奶糖派：专业方案型

奶糖派是专业方案型的典型代表，主要针对胸部丰满的女性人群，为她们解决内衣难买且臃肿显胖的烦恼。要知道，胸部丰满的女性一直很难买到合适的内衣。国内大码内衣样式简陋、不够合身；国外品牌又不符合我国女性的体形。因此，奶糖派瞄准这个市场，专门为胸部丰满的女性设计内衣，而且推出针对不同胸型的内衣，让消费者穿上漂亮舒适的内衣。

内外：情感共鸣型

与以上几种品牌的切入点不同，内外以情感为出发点，通过塑造品牌理念和品牌故事，利用极具调性的产品，引发用户心灵上的共鸣。内外采用极简的设计、低调的配色，摈弃了传统内衣常用的蕾丝和蝴蝶结，倡导内衣是为自己而穿。在品牌创立初期，内外就十分重视用户体验，每次寄出产品时都赠送小礼物，包装也会改变，非常有温度。在社交平台上，内外多次发起关于女性的话题讨论，还设置了微博专栏，专门讲述女性故事，吸引女性用户参与。目前内外的产品已经从内衣品类，逐渐扩展到家居服、舞蹈服、家居香氛等多个品类。

综合以上内容，我发现，每个品牌都针对目标群体给出了满足她们需求的解决方案（见表3-2）。

表3-2　不同品牌针对满足目标群体特定需求的解决方案

品牌	目标群体	满足需求	解决方案
Ubras	大众女性群体	解决尺码焦虑	极致产品型
蕉内	Z世代新女性群体	追求科技创新和个性感	体感科技、悦己美学型
奶糖派	胸部丰满的女性群体	内衣合身	专业方案型
内外	独立女性群体	精神共鸣、价值认同	情感共鸣型

这些品牌在女性内衣市场，之所以能取得跨越式发展，就是因为有清晰的目标群体定位，然后又针对她们的特定需求，给出了精准的解决方案。品牌无一不是在满足女性消费者的共性需求，如在悦己、舒适的情况下，又抓住了某一个细分需求，无论是从产品、定位，还是设计、情感，作为单点突破，将其发挥到了极致。

当找错了目标群体和特定需求时

尽管我强调了目标群体、特定需求、解决方案这三个要素的重要性，但是在现实中，尤其是初创品牌，还是免不了走弯路。品牌在寻找目标群体和满足特定需求时，不是找错了目标群体，就是错估了需求。常犯的错误有以下几种。

错误 1：错把个人的需求当成目标群体的需求

很多人在创业时，最常犯的一个错误就是把个人的需求当成目标群体的需求。有一位创始人从小就十分讨厌洗脸，所以他创业的目标就是研发免洗脸仪，可是不讨厌洗脸的人还是多数。

这种人很容易陷入自嗨模式，以为自己发现的是一个绝妙的金点子，恨不得马上推出产品，迅速占领市场并横扫天下。但是结果并不尽如人意。

这种问题在本质上是因为品牌并未针对目标群体寻找需求，而是错把个人的需求当成群体的需求。所以，创业者要明白，想要打造爆品，目标群体和特定需求两者都要明确，而且一定要匹配。

当然，可能有人会说，很多成功的创业者，一开始都是基于自己的痛点踏上了创业旅程。我这里并不是说这种情况不会成功，而是起码要明确目标群体和特定需求，且有所验证。

错误 2：有这种需求的，压根不是我们的目标用户

品牌常常会错误估计目标用户的需求。比如，一个老花镜品牌，目标群体明明是老年人，品牌为了追求差异性，偏偏把老花镜设计得个性时尚，但是追求个性时尚的大部分是年轻人，老年人对时尚感需求很少。

所以，这里我要提醒品牌应该针对目标群体挖掘他们的需求，而不是把别的群体的需求强加给自己的目标群体。还要注意的是，品牌要满足目标群体的特定需求，不是目标群体的所有需求。

错误 3：目标群体的需求太小，品牌错估了市场规模

如果目标群体的某需求较为小众，目标群体规模太小，就会导致品牌无法做大做强，甚至盈利都存在困难。例如，有的品牌为了创新，特地研发香菜味的饮品。不可否认的是，确实有些人喜欢吃香菜，但是香菜饮品并不是普遍的需求。虽然有品牌推出过这种饮品，但也只是作为噱头吸引关注，实际上销量十分惨淡。

总之，品牌在打造产品前，一定要明确目标群体的特定需求，这个特定需求一定要是刚性需求，而不是飘忽不定的需求；是目标群体的需求，不是个人的需求。而且在产品投放市场之前，一定要验证。

错误 4：未能满足用户需求，而是企图教育用户

品牌还有一个常犯的错误：即使找对了目标群体，也发现了真正的特定需求，但是不能给出一个好的解决方案，甚至还想教育用户，让用户适应自己的方案。

有一位创始人在低脂健康食品市场早期介入。他大力投入资金研发低脂产品，并在线下开了轻食餐饮店，店面装修得很清新文艺，菜品也十分赏心悦目，可是硬撑了不到两年，最后还是以失败收场。

为什么结果是这样的呢？因为他的团队一味地追求低脂，却忽视了人们对口味和口感的追求，甚至他们还打出了一个口号"好吃的产品不健康，健康的产品不好吃"，试图用这种方式教育广大用户。但是追求美味的高热量食品，排斥无味的健康食品是人的本能，这种违背用户本能的产品怎么会流行呢？后来，当市场上相继出现做得健康又好吃的轻食产品时，他仿佛遭到了当头一棒。

其实，以我国目前的发展情况，在消费领域，很难出现一个从未有过的新物种，因为这需要花费多年的时间让用户习惯。现在大部分创业者采取渐进式创新，也就是对已有产品进行改进和完善。就像加入中国市场初期的星巴克需要花费大量的时间和精力成本，让中国用户喜欢上喝咖啡；瑞幸的出现，满足了用户不出门就能喝上便宜、好喝的咖啡的需求；三顿半的诞生，满足了人们在家或办公室，靠冲泡就能喝到高品质咖啡的需求。

所以，此处借用这位创始人的一句肺腑之言："企业应该是围绕用户的需求和问题寻找解决方案，而不是费尽心思去教育他们！"

做好需求挖掘、调研和分析，打造产品

一般品牌从发现需求到产品开发，再到推向市场，都设置了严格的流程，虽然不同品牌在具体的流程设计上有所差异，但是基本逃不过这几大环节：需求发掘—市场调研—竞品分析—产品开发—产品测试—推向市场。

要想打造一款畅销的超级单品，就要在产品开发前做好需求发掘、市场调研和竞品分析。

第一步：发掘目标用户的特定需求。

对于初创品牌，一个新需求的提出更多依赖创始人的敏锐洞察。但对于相对成熟的品牌，一个新需求的提出则是源于战略规划或数据分析，由专门负责产品研发的团队分析测评而来。

以我曾服务过的王饱饱麦片为例，王饱饱的创始人姚婧曾经是做进口美妆分销生意的。为了能选到比较好的产品，她经常在国外网站上看国外KOL的推荐。后来，随着国内KOL模式日渐成熟，她和团队在微博上运营3个账号，主攻美妆和美食领域，一段时间下来积累了几十万名粉丝。此时她敏锐地觉察到年轻人对速食有很大的需求，但是又追求好吃不胖。那么能不能打造一款好吃又不长胖的速食来满足消费者呢？带着这个疑问，姚婧和团队开启了探索。

第二步：进行市场调研，验证需求。

创始人或产品经理发掘的这个需求，是不是真实存在的？这个需求的市场空间又有多大？用户到底在期待什么样的产品？带着这些问题，姚婧和团队围绕18～35岁的女性，对她们的需求和理想产品进行了调研。他们对受访者提到的以及市场上销售的压缩饼干、鸡胸肉、代餐粉等速食产品进行了分析。最后，他们将主打产品锁定可塑性强、营养丰富且健康的麦片。

后来，团队经进一步调研发现，目标群体普遍认为麦片是健康的，但是因为其味道不好，加上常被认为是老年产品便很少购买。不过目标群体表示，如果有好吃、健康又时尚的麦片产品，她们也很乐于尝试。

由此，姚婧认识到用户的需求确实是存在的，只不过暂时还没有一款好的产品来满足她们。当然，也正是因为还没有出现强势品牌，所以才给了王饱饱机会。

需要注意的是，在用户调研时，用户可能因顾及面子、误解了提问或被问题诱导等，给出不真实或无效的答案，团队要善于洞察其背后的需求与问题。比如，在回答期待的健康食品时，有用户说"好吃又健康的五花肉"，对于这一条意见，团队不予以采纳，不是说这个产品不值得研发，而是和他们调研的方向偏离。

第三步：竞品分析，寻求差异化。

竞品分析比较好理解，就是分析市场上的同类产品，研究一下产品的做法、用户的喜爱程度、产品的优势和劣势以及我们能否借鉴、改进。

当时，姚婧和团队为了做竞品分析，购买了各种各样的麦片产品。他们发现，市场上有两类主流麦片产品：一类是以桂格、雀巢等为代表的西式裸燕麦，另一类是以卡乐比为代表的膨化麦片。这两种麦片产品各有利弊，西式裸燕麦虽然健康，但是口感较差，在年轻人中接受度较低；膨化麦片虽然口感松脆，但是热量高，被人们认为不够健康。

于是，姚婧决定放弃以上两种生产工艺，寻找一种新的制作方法，这种方法要既能保留燕麦的口感，又能保留燕麦原有的纤维含量，同时还要重视年轻人的健康需求。

第四步：正式开发、生产产品。

这个环节主要是品牌不停地打磨产品，直到生产出被目标群体认可的产品。

经过用户调研和竞品分析，姚婧和团队的产品逻辑越来越清晰了。最终，他们确定了产品的生产方案。为了满足用户健康和口感的需求，他们决定采用低温烘焙技术，这样既能保留燕麦丰富的营养，又符合中国人的口味，而且在制作过程中，尽量少使用调味剂，并使用了甜菊糖苷作为甜味剂。

为了达到好吃又好看的效果，他们将大块冻干酸奶和果蔬干放入麦片产品中，以此丰富产品的颜色和口味。另外，为了满足用户更多的需求，他们还尝试做出酸奶果然多、蜜桃乌龙、肉松等多种口味。他们还研究了各种吃法：产品可以开袋即食，又可以配合酸奶、牛奶食用，操作也十分简单。

就这样，他们终于打造出了理想的燕麦产品，并给它起了一个可爱的名字——王饱饱。但是由于品牌当时还处于初创期，很难找到合适的加工公司，他们决定自建工厂。

MVP测试"产品–市场"匹配度

在做好市场调研、研发产品后，品牌千万不要急着将产品大范围投入市场，而是先要在小范围内进行测试，经验证成功后再正式上市，否则可能损失惨重。

这种惨痛的案例我们已经见过很多，就连麦当劳、可口可乐等知名品牌也都曾犯下严重的错误，更不用提在全民创业热潮中，拍死在沙滩上的一系列公司，如无人零食货架、充电桩等，都是产品未经小规模测试就投入市场，而后不久阵亡的例子。

目前，在新消费品牌中普遍流行的是《精益创业》中提到的最小化可行性产品测试法（Minimum Viable Product，MVP），意思是利用单元最小化的、满足用户核心需求的产品测试市场的反应。

一个好的MVP应该具备以下特质。

- 体现产品的核心价值。
- 较低的成本。
- 提供有效的反馈。

这个方法的优势在于用较少的时间成本和资金成本，将具有核心功能的产品创造出来，然后将它投入目标群体中测试，如果目标群体反应良好，那就在这个基础上完善产品；如果反应一般或者不佳，则及时进行调整，甚至淘汰。

检验MVP时可以从两个方面把握。

- 定量分析：参考核心指标的数据。
- 定性分析：参照用户的反馈。

也就是说，在进行MVP测试时要定好各种数据标准。例如，在电商平台进行测试，最基础的指标就是产品的浏览率、加购率、购买率、复购率等，同时也应重点关注用户的评价反馈，还可以根据订单进行追踪调查。

新消费品牌与传统品牌的不同之一，就是利用了以数据为驱动的试销机制。它们组建了敏捷的团队，由产品经理带头创新，然后和代工厂合作快速生产产品，只有测试达到预期，产品才会投入大批量生产。

我曾听元气森林的创始人说过，元气森林对气泡水进行了上百次测试，后来推出的燃茶也是测试了几十次才决定推向市场的。但是，元气森林的效率很高，测试这些产品一共才用了一年多的时间，一般新产品，在六个月内就会完成一轮最小起订量的测试（见表3-3）。

表3-3 元气森林产品测试流程

第一阶段（1～3个月）	内部产品原型赛马	完成产品立项、产品研发及设计、内部及外部共创测试，以最小起订量生产
第二阶段（1～3个月）	电商动销测试	对销量、复购率进行考量
第三阶段（6个月）	全渠道销售	线上营销打造爆品，线下便利店、超市全渠道铺货

只有产品销量和用户反馈符合预期，元气森林才会将产品上架；只有产品在线上卖得火爆，元气森林才会考虑在线下大规模铺货。为了做出符合用户需求的产品，元气森林一年要做几十轮测试，其中只有15%～20%的产品在线上销量不错；只有5%的爆品，才有机会进入线下渠道。

有人可能会问，为什么要在线上试销？

这是因为线上的测试和数据回收成本较低。

通过收集并分析线上互动数据和电商销售数据，品牌可以用最低的成本快速筛选出潜力产品，即使产品销量不佳，直接下架即可，产品也就数千件、数万件，消化难度并不高，损失也不会很大。

要是放到线下进行测试就麻烦多了。线下渠道由层层经销商把控，渠道费用较高。如果是全国铺货，花费时间过长，而且消费者反馈并不及时，等消费者做出负面评价，也难以改动产品了。因此，线下销售是不可逆的，迭代成本更高，而且渠道资源一旦配错产品，就会有更大的损失。

另外，线上的爆品本身就自带流量，推向线下时更容易引起消费者跟风购买，而商家也更愿意销售这样的产品，从而形成正向循环。所以，一般只有线上卖得好的产品，才有机会铺到线下。

新消费品牌在产品创新上的花费是多少？

传统品牌一般会将营收的 10%～20% 花在产品营销上，而新消费品牌的营销费用则占营收的 30%～40%。因为在新消费品牌研发的产品中，只有 15% 是爆品且全年销售，85% 的产品测试完就下架，这部分产品的营销费用至少占了营销费用的 30%，所以投入比传统品牌多不少。

以数据为驱动，测试新品

测试新品并不是新消费品牌的创举，但是新消费品牌在测试方法上和传统品牌有所不同。之前，传统品牌是用焦点小组座谈会的方式对产品或用户进行测试，具体方法如下。

从目标群体中选出 6～8 人形成一个焦点小组，由一名有经验的主持人，用比较自然的方式引导他们进行交谈并填写问卷。为了得到比较真实的看法，品牌会在被调查者毫不知情的情况下，将座谈会安排在有单透镜和监听装备的会议室里。

虽然这种方法比较科学，但是毕竟需要借助头部咨询公司，价格比较昂贵。此外，这种方法周期较长，从招募人员到最后执行需要 2～3 个月，传统品牌开发产品本身就流程烦琐，开发这样一个新品可能要花费 1 年时间。

在互联网行业常用的是 A/B 测试，即每一项产品的上线都要准备多个版本，然后选取相似的目标群体随机访问，收集用户的体验数据和业务数据，进行分析、评估，最后选出最好的版本正式投放。

据我了解，元气森林就将这种测试方法用在了饮料测试上，无论是包装、卖点、概念、口味，都要经过一轮轮测试，这种方法可靠、速度快、成本低。具体的测试包括以下步骤。

第一步：口味测试，初步确定产品种类。

为了缩短研发周期，高效调整产品，元气森林一两天就会做一次口味测试。

早期，为了追求效率，在新款饮料研发出来之后，元气森林会让销售人员试喝，如果大家认为可以，元气森林就会上架铺货。但是元气森林发现，销售人员并不能代表消费者，于是进行了第一次测试方法迭代，将产品拿给大学生试喝，作为第一轮内部测试。

元气森林的产品在内部测试合格后，还要进行外部测试，像气泡水系列等爆款产品，都是经过了多重测试和打磨的。

第二步：电商测试，决定是否大规模生产。

在元气森林，如果一款产品通过了初步验证，接下来就会被放到天猫、京东等电商平台进行测试。如果后台收集的数据达到一定标准，元气森林就会进行大规模生产，进而将产品铺往线下渠道，这种方法既省时省力，又能得到精确的数据。

比如，之前一款叫"满分"的饮料，虽然在天猫上月销2万件，但是并没有在线下渠道大力推广，因为当时产品还处在测试阶段。所以能真正上市的产品都是经过多次测试，被工作人员和用户认可的优质产品。

第三步：便利店测试，找出受欢迎的产品。

为了测试产品在线下的销售情况，元气森林特意选择了在贴近目标群体的便利店——便利蜂进行测试。便利店作为售卖饮料的主要场所，能直接测试用户购买产品时的真实想法。为了便于获取数据，元气森林将新品和竞品摆在一起，然后借助人工观察或摄影头记录，观察用户选购产品时的行为。最后，统计并分析抬头率等一系列数据，元气森林可以很清楚地知道哪款产品受欢迎。

第四步：信息流投放测试，确定产品卖点。

为了捕捉到用户更感兴趣的卖点，元气森林会在相应的平台上投放广告。比如，在发布一款新品前，元气森林会用多种素材进行测试，分别突出不同的卖点，感兴趣的用户点击之后会跳转到元气森林的天猫旗舰店首页。

在选取的投放人群标准比较统一的情况下，元气森林通过对点击不同广告进入店铺的人数进行统计，就能测试出用户对哪个卖点更感兴趣。这种方法虽然成本不高，但是获取的数据维度非常丰富。

第五步：DTC 渠道测试，与用户共创。

按照常规的操作，品牌会招募一些用户参与问卷调研和产品试用。元气森林为了低成本、高效率地完成测试，利用私域流量开启了"体验官"活动。

在测试前，元气森林会在小程序里公布新品测试活动。一些活跃在小程序里的用户会积极申请参与活动，在中签之后只需支付运费，他们就可以领到测试产品。在收到需要测试的产品后，用户会被邀请加入微信群，在工作人员的引导下完成问卷调查。低脂鸡胸肉肠、爆珠波波酸奶、外星人功能饮料等，都是经过这样的测试流程后才上架的。

再美好的创意，如果得不到市场的肯定，最后也不过是空想。元气森林研发的每一款产品都是经测试之后才推向市场的，这样大大保证了产品的销量，从某种程度上降低了失败的可能性。

四大要素，让产品更好卖

我在前面提到了影响消费者购买的关键因素，那么品牌到底如何从这几方面打造产品呢？在下面的内容里，我给大家详细讲解。

颜值第一？好卖才是王道

在颜值时代，品牌不仅要重视产品功能的研发，还要考虑用户对包装的需求。据尼尔森数据显示，决策同类产品时，64%的消费者会首选包装更吸引人的产品。这些独具特色的设计是品牌的专属符号，让品牌更具辨识度，更受用户的追捧。不过，在这里还是要提醒大家，颜值只是提高产品竞争力的要素之一，如果空有颜值，没有内涵，照样行不通、走不远。在打造产品颜值上，有以下几个方面需要注意。

产品要符合目标群体的审美

关于什么是美，不同时代有不同的标准，不同圈子有不同的定义，甚至不同的人都有不同的看法。就拿服装来说吧，喜欢淑女风格的人，大概率看不上休闲派；青睐森林风的女孩，自然讨厌紧身的皮衣皮裤。对于美这件事，本来就没有高低对错，只不过众口难调。

那么，新消费品牌该如何衡量呢？

所有品牌都应该明白，产品包装设计得好看，并不是为了获得大众的称赞，也不是为了标榜自己的美学见解，而是要实现商业目的，为了更好地销售。因此，让目标群体买单的颜值，才是真正的"好"颜值，新消费品牌在包装设计上要多看目标群体的"脸色"。在这里就不得不提起2021年年底三只松鼠酸辣粉海报的翻车事件，因为模特的妆容有争议，三只松鼠遭到了大众的质疑，这件事再一次证明，靠名人引领国人审美的时代已去，关于到底什么是美，用户有自己的认知。因此，品牌在颜值设计上，要尊重目标群体的审美，不要为了博眼球挑战大众的底线，最后反而败坏靠产品品质积累的口碑。

包装要传递正确的信息

我在前面就说过包装可以向用户传递信息，推动用户完成购买决策。好的包装会说话，它不仅会告诉用户你买的是什么，里面包含什么成分，还会给你购买它的理由。

如果我有一位多年的好友过生日，我想为他献上一份祝福。这时，如果商品的包装上印有一句"峥嵘岁月，有你相伴"，那么我购买的意愿就可能更强。在新春佳节，很多产品的包装都会设计成红色，如果有品牌设计成红色搭配其他颜色，在同类产品中更容易引人注目。

包装的文案、排版，甚至是色彩，每一个细节都发挥着重大的作用。因此，包装除了要好看、吸引人，最重要的就是传递正确的信息，并且正确地传递信息。什么信息先传递，什么信息后传递，什么信息不需要传递，这是品牌通过产品包装告诉消费者的，比如"0糖0脂肪0卡路里"，就是元气森林最想传递给消费者的信息。

正确地传递信息，是指让用户看到品牌想让他看到的信息，理解品牌传达的信息，这也需要通过产品的包装解决。比如，元气森林想让你看到"0糖0脂肪0卡路里"这个信息，它就会把这个文案放在包装最显眼的位置，而且为了让用户有喝健康饮料的感觉，瓶身设计采用了清爽的风格。

为什么颜值高的产品不一定好卖

好看的包装固然重要，但是有好看包装的产品却未必好卖，这是为什么呢？

假如我想买椰汁，于是打开淘宝搜索关键词。这时有三款产品映入眼帘，第一款是包装清新的椰子知道，第二款是极简高级风的泰室，第三款当然就是走直截了当风格的椰树。从颜值上来看，泰室的大白罐简直就是椰汁领域的颜值天花板，干净简洁，非常有设计感，用户对包装一片叫好，但是销量如何呢？

我分别点开了这几个产品的详情页,椰树月销几万件,椰子知道月销几千件,而泰室才月销几百件!这差距简直太大了。可能有人跟我一样困惑:这是为什么呢?

因为泰室大白罐的美学目的,盖过了它的商业目的。

大家看椰树和椰子知道的产品包装,它们的名字、特点一目了然,椰子知道直接写明"0糖鲜椰汁";椰树更是简单,"不用椰浆、不加香精当生榨"。而泰室大白罐呢?它给用户的感觉就是高级美,除了这个,它的"2倍椰肉榨汁、东南亚选果"等卖点,在包装上根本看不到。

事实证明,从品牌的角度来说,产品包装的美好没那么重要,卖得好才最重要。

那么品牌在包装上应该注意什么,才能利用包装让消费者看见产品,完成下单、复购和推荐,进而实现商业目的呢?

首先,让用户一眼知道你是谁,卖什么。

如果用户不能通过包装一眼看出来产品特色,那就很难吸引他购买,卖得好的产品,包装上的信息都很明确。

其次,告诉他选择你的理由,买你就对了。

用户了解产品特色之后,接下来会思考为什么选择你的产品,你的产品优势在哪里,这里就需要品牌在产品包装上提供非常清晰且能打动人的卖点。

再次,为消费者考虑,替他解决麻烦事。

润米咨询董事长刘润分享过一件事。他平时一直喝京都念慈菴的枇杷膏,但是因为这种枇杷膏是瓶装,出差时携带十分不方便,所以他一直为这个问题苦恼。有次他去香港时，竟然发现枇杷膏有袋装的，这太惊喜了，所以他一下子买了很多。这种袋装的枇杷膏就是为用户考虑，解决了用户的麻烦，自然能引发用户复购。

最后，在末尾留下惊喜，引发分享。

我们用完的东西自然就会扔掉，但是有些产品却在这里留下了惊喜。

试想，一个女生在吃完男朋友给她买的巧乐兹雪糕后，竟然发现雪糕棍上写着"喜欢你没道理"，这是怎样的一种感受？有人会忍不住发朋友圈，至少也会和男朋友分享这一刻的心情。大家可能想不到，包装竟然会带来这么多惊喜。

因此，产品包装并不是设计得好看就行那么简单，而是要符合目标群体的审美，同时恰当地传递品牌信息，并实现商业目的。

提升价值，戳中用户心理价格

众所周知，价格是影响用户购买决策的重要因素。

有一位做创意咖啡品牌的老板，在一次巡店中，他听到一位顾客问店员："为什么你家的美式咖啡比瑞幸贵呢？"

顾客走后，这位老板叫来店员，直接问他："瑞幸的美式咖啡，多少钱一杯？"

店员说："加上各种优惠券，大概是十元。"

老板又问他："那我们为什么比它贵呢？你是怎么看的？"

店员不假思索地说："因为我们是现场烘焙。"

"那瑞幸呢？是过期烘焙？"老板笑着打趣，"想不清楚这个问题，我们就会倒闭。"

的确，如果品牌不清楚自己的定价原则，迟早会被市场淘汰。瑞幸为什么能卖得那么便宜呢？影响产品的价格因素又有哪些呢？

价格源于定位区间

品牌在做差异化定位时，除了从功能的差异化和场景的差异化入手，还会选择一个相对空白的价格带，以吸引在这个价位消费的群体。比如，星巴克的一杯咖啡价格是 30 元左右，而瑞幸定价时选择的价格带是 10～20 元，三顿半的定价则是 6～7 元。

品牌在做价格定位时选择了一个相对空白的地带，但是背后起作用的还是成本和收入结构，这点我在第一章就提到了。

瑞幸之所以相对便宜，一是因为它的定位就是做外卖业务，线下店面小，环境布置也一般；二是因为它的策略是以规模取胜，通过不断开店扩张，采用薄利多销的模式吸引更多消费者。

不过，这种模式适用于标准连锁经营，对于店铺数量比较少的创意咖啡品牌根本行不通。如果市场份额足够大，采用极致性价比策略倒也无可厚非。但是如果抱着错误的观念，认为把品牌做起来了就可以提高价格，这种情况，消费者基本不会买账。因为在消费者的认知里，品牌本来就有价格标签，品牌一开始的定位是什么，之后就不会变化。当然有人可能会说，波司登不就是从做中低端羽绒服转为做高端羽绒服了吗？波司登之所以能这样，是因为品牌升级了，而且产品也更新换代了。

所以，品牌在一开始定价时，就要确定好自己的价格带。如果价格定低了导致品牌利润不足,往上提价也很难;如果想定高价,就要有相应的理由,不然消费者也不会买账。

价格源于产品的价值

从消费者的角度来说,产品的价格是由产品价值决定的。如果价格定得高,消费者认为超过了产品价值,基本上就不会复购了。

那么,如何让消费者觉得品牌的产品值这个价格呢?

消费者关心的从来不是产品的成本,而是产品给他带来的价值,这个价值包括使用价值、功能价值、形象价值和社会价值(见图3-1),品牌可以从这几个方面入手,提升产品的价值。

图 3-1　产品带给用户的价值

(1)为产品增加附加值。

在中高端消费中,价格已经不是第一考虑因素了,因此,品牌要多挖掘产品在其他方面的价值,增加产品的附加值。就像奔驰即使在某些实用功能上略微逊色，但是消费者出于形象价值和社会价值的需求，还是会购买。

（2）利用场景营造价值感。

一瓶矿泉水在便利店卖 2 元，但到了酒店就能卖 5 元。同样的马克杯在夜市的地摊上卖 10 元一个，但是放在充满咖啡香气、场景化陈列的咖啡店里，就能卖到上百元。近几年爆红的盒马鲜生，就是利用物理场景的衬托，在定价上形成了优势。

如何把一杯牛奶卖出更高的价格？答案是重新定义消费者的需求，再造心智场景。比如，现在市场上有为孕妇打造的补钙牛奶，有为白领打造的助眠牛奶，这些并没有增加牛奶的核心功能，而是品牌重新定义了消费者的需求。

像前面提到的创意咖啡店，本身走的就不是平价路线。对于美式、拿铁这些标品，市场价格只会越来越低，所以品牌主推的是创意类咖啡。创意类咖啡采用的盈利战略是先人一步洞察消费者需求，打造个性化创意产品，同时重视场景打造，不断吸引消费者，最终对高价位产品形成复购。

（3）利用价格锚定提升价值。

品牌还可以利用价格锚定效应，因为用户在做决策时心中有价格比附，所以将产品和高价值的产品绑定，也不失为一种卖出高价的好办法。不过这就涉及品牌定位和营销策略了。

年轻消费者更看重心理价格

年轻消费者不仅追求性价比，而且非常强调价值观。他们有多种渠道获取信息，又有一定的独立思考能力，往往在收集并分析了众多信息之后才会进行消费决策和判断，所以，他们在购买产品时，比老一辈消费者更看重是否符合心理价格。他们还对所在的圈层有很强的参与和认同需求，虽然有些兴趣花费甚多，为了获得精神上的满足，他们也舍得为爱买单。

盲盒就是满足消费者精神需求的产品，很多年轻人都喜欢盲盒，也愿意为此付费。据调查，有不少消费者一年在盲盒上的花费上万元，夸张的能达到数十万元。一般一个盲盒的价格为39～59元，一整箱盲盒大多需要几百元，其中最贵的隐藏款甚至被炒到了成千上万元。

虽然年轻消费者乐于为兴趣买单，但是泡泡玛特最终还是被2022年的央视"3·15"晚会点名，被指价格虚高、涉嫌炒作，股价也受到影响。

总之，品牌的产品定价是一种定位策略，要综合考虑成本和利润因素以及产品价值，不能为了抢占市场盲目定低价，也不能为了牟取暴利虚高定价。

从情感入手，增强产品黏性

在物质丰富的年代，年轻消费者的诉求正由功能升级为情感。面对众多功能相近的产品，他们更偏爱那些契合自己审美、价值观的产品。极光调研数据显示，有51%的年轻消费者表示，如果品牌有独特的设计和理念，他们会更乐意购买。

那么，新消费品牌又是如何应对这种变化的呢？

从情绪需求入手打造产品

宠物经济的兴起表明年轻人对精神陪伴、情感共鸣存在需求,很多品牌就是洞察到了这个市场机会,以此作为创业的突破点。

亿滋国际2020年发布的《零食现状报告》表明,2020年,全球88%的成年人吃的零食数量比之前更多,而且当下的年轻人明确表示,与正餐相比,他们更爱吃零食。

四季宝发现了年轻人用吃零食缓解情绪的习惯,所以特意打造了一款"情绪零食"。这款零食名为"放刻"坚果,是Funky的音译,有放松一刻的美好寓意。在产品的包装上,四季宝用"一包召唤,满满元气"的文案鼓励年轻人通过零食缓解焦虑,改善当下的情绪状态。

除此之外,喜茶、丧茶这些品牌的名字也是从人的情绪出发,企图唤起大家的情感共鸣。

通过包装设计进行情绪连接

除了从消费者的精神需求入手打造产品,很多品牌在产品包装上,也充满了情怀。其中,最令大家印象深刻的就是江小白的文案。

江小白在每一瓶酒上都印上了饱含情绪的文字,如"早知今日,思念如潮涌般袭来,何必当初,我假装潇洒离开""进入的圈子越来越多,关心的范围却越来越小"。

味全每日C在杧果味的饮料瓶身上写"可爱芒着",这种充满情绪的表达,让消费者在喝饮料的那一刻,心中也充满了情绪的力量。

通过沉浸式体验带动消费者情绪共鸣

目前,消费者在购物形式上更加追求个性化和人性化。因此,品牌无论是在营销内容还是在购物场景上，都强调沉浸式体验。品牌试图营造氛围感，以引发消费者的情绪共鸣。

母婴品牌 Babycare 在母亲节那天发布了一个十分感人的广告片——《妈妈也是第一次做妈妈》，广告片分别从妈妈和孩子的视角呈现了向对方表达爱与感谢的情景，让即使不是妈妈身份的人看了都感动得忍不住落泪。通过广告营销，Babycare 触发了大家的情绪共鸣，树立了温暖细腻的品牌形象，更赢得了目标群体的青睐。

品牌还可以通过场景营造情绪氛围。比如，有一家情绪体验馆叫解忧江湖，从店名上就能看出其寓意——入江湖一游，解百世忧愁。店里布满了各种治愈心灵的文案，如"山重水复疑无路，柳暗花明又一村""没有过不去的事，唯有看不开的心，万般皆可明"，还有幸运大转盘，上面写了各种美好愿望，深受年轻消费者喜爱。

利用周边产品获得消费者的归属感和认同感

周边产品作为品牌文化的延伸，能满足消费者更多层面的需求。在实践中，能看到很多品牌借助周边产品和消费者进行情感沟通的案例。

比如，三顿半推出了返航计划，消费者可以利用使用过的空杯兑换周边产品。这些周边产品创意十足，消费者纷纷赞叹。利用周边产品，三顿半满足了消费者社交的需求，找到了归属感和认同感。

其实，激发、满足消费者情感是将内容融入产品的表现。打造内容型产品，让产品自带社交属性，成为品牌常用的产品思维。

情感需求、情绪消费越来越受品牌重视，但是仍要谨记，无论是从情绪出发打造产品，还是利用情绪激发消费者购买的兴趣，产品才是最重要的基础。脱离了产品讲情绪，本质上只是自嗨。三顿半、拉面说、元气森林等品牌，虽然也会利用情绪营销，但是产品做得好才是成功的第一要义。

塑造核心卖点，吸引消费者

所谓卖点，就是给消费者一个消费的理由，它也是影响消费者决策的重要因素，这里简单举几个例子。

拉面说，卖点是在家能吃到日式拉面。

花西子，卖点是东方美的彩妆。

元气森林，主打 0 糖 0 脂 0 卡。

既然卖点这么重要，那么品牌在寻找卖点时，有哪些需要注意的地方呢？

爆品大多数有一个核心卖点

虽然一个产品可能有很多卖点，但是真正撬动市场的大多是靠一个核心卖点。因为消费者只会对一个核心特征有印象，多了容易记不住。

市场上有很多品牌会一次宣传多个卖点，我与很多品牌交流过这个问题，无一例外，品牌大多认为自己多列举几个卖点，总有能戳中消费者的。况且消费者看到这个产品优点这么多，那么购买的理由就更充分了。

事实上，卖点罗列得越多，消费者越难以留下深刻的印象。这种现象的背后，折射出的根本问题是品牌无法找到一个最有价值的卖点，或者根本不知道消费者的痛点，以至于担心自己会选错卖点。所以，遇到这种情况，品牌要做的是进一步挖掘、提炼卖点，直到找到最有价值的那个。

核心卖点要具有差异性和竞争力

需要注意的是，产品的核心卖点是与竞品相比最有差异性和竞争力的地方。也就是说，核心卖点可能不是产品的最大特点，而是基于品牌的优势和差异性选出来的最有价值的地方。

经过对多个品牌的研究，我发现新消费品牌在打造产品的差异性上，主要从以下几个方面入手。

（1）原料升级。

品牌使用新原料、新配方，塑造品牌的底层差异，如薇诺娜宣称产品的特有成分能缓解脸部皮肤症状。

（2）工艺升级。

品牌经常选择在制作工艺上进行升级，Ubras 用点状胶膜技术，实现了女性内衣的标品化，打造出了无尺码内衣。小鹿蓝蓝利用冻干工艺，研发出常温奶酪，最大限度地保留了产品的营养价值。

（3）外观升级。

很多新消费品牌十分重视产品的外观。Babycare 采用低饱和度的颜色，通过营造色彩氛围，给人一种舒缓、淡定的感觉，能有效安抚妈妈们的情绪。

（4）服务升级。

现在的产品不再局限于本身的属性，而是还要满足消费者的精神需求。有个叫熊猫不走的蛋糕品牌，它并不是从口味和外观上寻求不同，而是让送餐员为接收蛋糕的人提供舞蹈、魔术等现场表演，在服务上做出差异性。

熊猫不走的创始人杨振华说过，没有人买生日蛋糕是为了"吃饱"，过生日的人想要的是开心，买蛋糕的人希望传递的是祝福，参加聚会的人期待的是热闹。关于这点，我十分认同。

上面提到的各种升级都是新消费品牌所做的改进和创新，无论是原料、工艺还是服务，都可以作为核心卖点。而外观升级虽然也是产品的卖点之一，不过品牌很少将此作为核心卖点，更多是让消费者自己去感受。

提炼核心卖点时要考虑消费者的"买点"

卖点是品牌给用户的购买理由，而"买点"则是消费者购买产品的动机，能够激发消费者为满足需求做出的购买行为。当然每个消费者的购买动机是不同的，可能是为了解决生活中的问题，也可能是让他产生幸福感。

消费者并不是想要迎合产品的卖点，而是希望产品能恰好符合自己的"买点"。功能好、价格便宜、包装好看，这些都可以是消费者的"买点"。与提炼核心卖点的思路相同，品牌最好也能找出一个消费者的核心"买点"。将产品的卖点转化为消费者的"买点"，成了很多品牌需要考虑的问题。

从卖点到"买点"转化的底层逻辑，是要站在消费者的角度，用消费者喜欢或感兴趣的方式表达。比如，Ubras采用点状胶膜技术实现了女性内衣的标品化，不过在做宣传的时候，品牌并不会生硬地描述这个技术，而是用消费者能理解的方式表达——无尺码内衣。

新消费品牌都是从哪些方面提炼核心卖点的呢？下面我举几个例子。

（1）以目标群体的需求为出发点。

奶糖派的品牌定位是国内大码内衣开创者，针对不同款式的内衣，又分别提炼出不同核心卖点，让消费者根据自己的需求选择产品。

（2）从工艺、原料、功能出发，聚焦产品特性。

这种核心卖点的案例比比皆是，比如，三顿半咖啡——冷萃超即溶；元气森林——0糖0脂0卡。

（3）从场景切入，塑造差异性。

拉面说的品牌定位是家里的拉面馆，如台式红烧牛肉面这个产品的核心卖点为在家品鉴台式风味。

（4）从服务切入，营造品牌温度。

熊猫不走的核心卖点是提供生日聚会氛围服务。

（5）从价格因素入手，促进转化。

红米属于低价手机品牌。因此在产品促销时，红米也会从价格入手，如限时抢购全网最低价，等等。

可能有人会困惑，品牌卖点和产品卖点有什么区别呢？

简单来说，品牌卖点是整个品牌的差异化优势或特点，是品牌所有产品共同具备的特性；产品卖点是具体到单一产品的，是品牌卖点的细化。在表达上，产品卖点既可以用品牌卖点概括，又可以在整体品牌定位下，提炼更加细分的、适合某个产品的特点。

总之，外观、价格、卖点，是消费者决策时品牌与竞品拉开距离的关键因素，而情感作为卖点的助燃器，力量同样不容小觑，品牌在打造产品时，要在这几方面重点发力。

组织与人才支持，全面提升产品力

我常听人们说，企业的竞争，归根结底是人才的竞争，深表认同。即使是新消费品牌，要想打造出优秀的产品，同样也离不开人才和组织的支持。面对瞬息万变的市场，新消费品牌要想迅速做出反应和决策，领先于同行，就必须拥有高效的组织运作效率。

年轻、创新，打造敏捷团队

新消费品牌的组织和人才有什么特点呢？

团队年轻化，拥有新理念

从我研究的上百个案例来看，新消费品牌有个共同特征，那就是团队成员年轻化。比如，在元气森林、花西子和Babycare的团队里，产品、营销、技术等核心岗位上基本都是30岁以下的员工，甚至有些还是25岁以下。

这些新消费品牌的员工都比较年轻、有想法，而且品牌的组织形式也更多元化。据我了解，空刻意面的团队里大部分是"90后"，甚至是"95后"。就连创始人王义超也是"90后"。不仅如此，美瞳品牌Moody的创始人慈然、拉面说的创始人姚启迪也是"90后"，Bosie的创始人刘光耀则是"95后"。

这些年轻人为新消费品牌带来了新理念、新活力，创造出了更多高颜值、有品质、有创意的产品。近年来，随着新兴产业的出现，人才逐渐年轻化，像抖音、快手等短视频平台崛起，也才短短几年。一个很现实的情况是企业确实很难在市场上招聘到有多年相关经验的人才。

勇于创新，敢于试错

团队年轻化带来的最大好处就是勇于创新。

这些年轻员工思维活跃，为产品开发和营销带来了更多创意，不断驱动着品牌的成长。不难理解，企业在创新的过程中，试错是一种常态，年轻员工不受思维定式和过去经验的禁锢，更敢于尝试新方法、新手段。比如，江小白在做营销活动时加入了街舞和涂鸦的玩法，正是因为团队中的年轻员工兴趣丰富、敢于尝试，才取得了意想不到的效果。

更懂年轻用户，满足其需求

新消费品牌面对的用户群体是年轻人，那么团队中的年轻人自然更容易理解年轻用户的想法和需求。

就拿 Babycare 来说，在高速扩张时期，团队成员平均年龄只有二十多岁，恰好品牌的目标群体也是年轻妈妈。作为同龄人，无论是在产品设计、营销创意，还是在用户服务上，他们一定最懂用户。

元气森林的产品经理说，有人问他为什么元气森林的包装这么受欢迎，是不是有什么不可告人的数据决策体系？他回答没有，如果非要找一个原因，那可能是因为元气森林的设计师，都是"90 后"和"95 后"，他们本身就是年轻人，设计的东西自然符合年轻人的审美。

跨界吸引人才，内化核心职能

我发现，新消费品牌还有一个很明显的特征，就是内化核心职能，不再依赖外包机构。

纵观大部分传统品牌，基本只能保证在产品方面亲力亲为，而其他工作大多数交给专业的外包机构。比如：传统品牌想要制定战略，会找咨询公司；运营天猫店，会找代运营公司；策划营销活动，会找广告公司；开发技术架构，会找技术服务公司；进行社群和私域流量的运营，也都是找相关机构。

与优秀的外包公司合作，让专业的人去做专业的事，品牌能用少量的人力和物力撬动巨大的资源，促进更多生意成交，这自然是一举多得的好事。但是，存在的弊端同样不容忽视。

弊端 1：部门和部门之间存在割裂

借助外包机构的专业优势，品牌能获得更优秀的解决方案，但是由于外包机构和企业内部各部门割裂，不仅无法打通用户数据和运营指标，而且容易增高沟通壁垒。如果是跨国企业则更麻烦，每执行一项工作都要向总部汇报，在调配资源方面要耗费更多的成本。

弊端 2：品牌和用户之间沟通不畅

传统品牌在运营方面找代运营公司，在销售方面又找代理商，这种行为本身就会阻断品牌和用户的联系，让品牌不能直接、及时地获取用户的反馈。品牌获取信息的速度和真实性，都会大打折扣。

新消费品牌一改传统品牌的做法，将核心职能部门内部化。无论是从产品开发、设计，还是运营和渠道投放上，都做了精细化的分工。

我服务过的阿芙精油仅私域运营团队就有上百人，而且分工配合十分高效，前台做好引流转化，中台负责提供内容和技术支持，在高效配合下，私域运营年营收超过 1.5 亿元。

不过，新消费才兴起几年，对于私域流量的运营等工作，行业内成熟的优秀人才很少，如何打造一支年轻化、职能内化的团队是很多新消费品牌亟须解决的难题。从我服务过的品牌来看，品牌大多采用以下两种途径。

第一，吸收更多跨界人才。

在私域流量兴起时，我参与孵化的几个新消费品牌都是从教育、金融等行业寻找人才。这些人才帮助品牌快速走上正轨，并且带来了不一样的视角，有效激发了团队的创造力。

在一些新兴行业里大家觉得新奇的玩法，在成熟的行业里早就不是什么新鲜事了，这里面自然也沉淀了一些高手。因此，口腔护理品牌参半当初想进军线下渠道时，并没有从日化行业里寻找人才，而是从食品零售行业里挖掘人才，然后组建团队。事实证明，参半能走到今天这一步，离不开跨界人才的融合和碰撞。

第二，从产业链里挖掘人才。

新消费品牌可以从产业链上下游招聘人才，这些人才相对有经验，可以帮企业快速步入正轨。

比如，新消费品牌在寻找运营、品牌等方面的人才时，可以去乙方公司找专业人才，也可以从阿里、百度、腾讯等成熟企业的广告部、公关部挖掘对口人才。抖音或快手等短视频平台里就有不少原来从事消费品投放转而做品牌相关工作的人才。

总之，通过这两种方式，新消费品牌可以快速找到相关的人才，填补职位空缺。

开放、自由，营造宽松氛围

在江小白的内部流传着这样一件事。

一位刚上任不久的人力主管，要求员工在上班时间必须穿正装，却遭到了创始人的反对。创始人认为，只要员工在公司穿着合适的衣服就行，要让他们在舒适的状态下绽放自己。

所以，在进出江小白办公楼的人群中，经常能看到穿着时尚、打扮新潮的人，那基本上就是江小白的员工。江小白不仅为员工提供了自由宽松的就职环境，而且支持并鼓励员工发展自己的兴趣爱好。江小白开展过的街舞、涂鸦等活动，都是员工的个人爱好在得到公司的支持下做起来的。

与传统企业相比，做新消费品牌的企业更鼓励员工大胆做自己。就像在《重新定义公司：谷歌是如何运营的》(How Google Works)中作者所倡导的，"未来组织的关键职能，就是让一群smart creative（聪明有创造力的人）在一起，快速地感知客户需求，愉快地、充满创造力地开发产品、提供服务"。那什么样的人是smart creative？在我看来，smart creative就是不要领导者管理，只要营造氛围就能创造价值的人。

旧的管理理念已经不适用于新消费品牌，如果用以前的管理方式会适得其反，现在的员工，更需要互动、透明、平等的管理环境。比如，很多企业仍将考勤打卡作为员工考核的重要指标，而在新消费品牌的企业里，严苛的考勤打卡不会在员工考核中占据如此重要的地位。新型组织是以数字化为基础，更看重工作结果，考核机制更透明，且以员工技能为基准，为员工提供更多机会，给予员工更大的自主性。在这种管理模式下，组织只需要营造宽松的氛围，剩下的交给员工自由尽情发挥即可。

组织数字化，高效、透明

新消费品牌从创立之初就十分重视数字化运营。元气森林、三顿半、完美日记等新消费品牌都建立了比较完善的数字化系统。瑞幸咖啡更是在创立之初，就实现了用户管理、交易、营销和团队的全面数字化，不管是门店进货、销售，还是排班、盘点等环节，全部在线上完成。

组织的数字化管理，不仅使企业运营起来更高效，而且信息、决策过程更公开透明。比如，元气森林的每个员工都能查看创始人的目标、工作进度和日程，他们清晰地知道老板想要什么结果，如果有问题需要讨论，也可以随时与他沟通。

这种事情放在传统企业中是根本不可能的。传统企业的内部层级约束比较多，越级汇报往往是大忌。就算是身在一线的导购人员发现了新的消费需求，想要向上反馈，也要经过门店店长、片区经理、大区总监，以及分公司和总部的层层汇报。相应地，总部收到需求反馈并做出策略调整后，也要自上而下逐级落实。

这种庞大烦琐的操作流程，对于以快取胜的新消费品牌来说简直是致命的，如果稍微慢一点，机会就会被反应更加敏捷的品牌抢占。

当元气森林推出燃茶、乳茶、咖啡等多个产品系列时，业务线快速扩张，内部员工的数量直逼8000人，管理问题也随之而来，如何让这辆人数庞大的战车高速运转呢？

为了解决这个问题，元气森林的管理层一直都在寻求解决方案。就在这个时候，理想汽车的创始人李想向唐彬森推荐了企业协作与管理工具——飞书。

数字化工具的优势有以下几点。

优势 1：借用数字化工具，管理更加透明、扁平

在传统的企业管理模式下，各部门只需专注自己的工作，但是新消费品牌利用数字化管理工具打破了组织的围墙。在元气森林的飞书平台上，每个员工，包括创始人的行程、日报、目标管理都是公开透明的，员工能够随时联动，自下而上发起 OKR。平台还设置了"CEO 通道"，员工未及时得到上级的回复时，也能直接交给 CEO 处理。

除了元气森林，国内智能健身赛道的领先者 FITURE 也将产品的调研、测试、营销投放、复盘等全部流程放在飞书上。这样，即使有新员工刚刚入职，也能马上了解公司里各个项目的进度，更快地融入工作中。

优势 2：打通业务流程，协同更加高效

数字化除了使企业的信息更透明、管理更扁平，也使各部门之间的协同更高效。比如，FITURE 设置的产品价格审批流程，不用一一向产品、物流等部门汇报，而是在飞书平台上打通了业务系统的审批流程，可以自动管控跨部门的价格体系。相关负责人在审批时，若发现与采购金额不一致，可以在线上直接询问，而不是拒绝后重新审批。

元气森林也是如此，利用飞书平台将内部的门店业务管理系统、OA 系统等内部系统全部打通，员工在飞书平台上可以直接跳转任何内部业务系统处理工作。除了内部员工，智能货柜负责人及供应商也能利用飞书服务台及时沟通，并能快速得到回复。

优势 3：提升办公效率，消除重复工作

飞书平台等扁平化的管理工具，可以使大部分信息的传递和决策工作在线上完成。在有任何信息变动时，企业不用逐一通知各部门，消除了很多重复无效的工作。

除此之外，飞书平台的服务台功能，还能智能地解决人事相关问题。如果有新员工入职，只要他坐到工位上，飞书平台就会为他准备各种入职资料，并自动为他开通业务账号。假如他对节假日、公积金等问题有疑问，可以直接在服务台上提问，系统会自动匹配预设的答案。

这些功能虽然看起来简单，但是大大减轻了人事部门的负担。如果没有飞书平台的服务台功能，人事部门只能向员工解释，费时费力。

新消费品牌面对瞬息万变的市场，所有问题都要实时、快速处理，数字化办公在这里就发挥了很大的作用。对于大多数企业来说，打破线性流程，建设更具开放性的组织架构，重视信息透明和协作意识，是在新消费时代制胜的关键。

品类延伸，全面满足消费者

企业虽然找到了正确的赛道，打造了超级单品，又有年轻、富有创意的人才支持，但是发展到一定阶段，还是会面临新的增长难题。比如，营收遇到瓶颈，市场份额难以扩大……这时又该怎么办呢？

全品类发展，复制爆品方法论

公开资料显示，2020 年元气森林的营收总额是 27 亿元，而创始人唐彬森却将 2021 年的业绩目标直接定为 75 亿元，也就是说业绩要有一倍多的增长。元气森林该如何实现目标呢？

目前，元气森林已经是气泡水品类的领军者了，而且它的目标群体基本是一二线城市的年轻人，说实话，到这个阶段，市场也差不多饱和了。

有人认为，元气森林要下沉到三四线城市，抢占更多的用户。这可行不可行呢？可行，但是时间不允许。因为三四线城市的用户，对元气森林这一品牌没有那么强的认同感，向用户灌输品牌理念也是需要时间的。再者，在这些城市终端铺设网点更复杂，也覆盖不了那么多人。况且，到目前为止，只有娃哈哈旗下一款叫非常可乐的饮料，曾打入过三四线城市，但是这款饮料现在也销声匿迹了。就连经营了这么多年的可口可乐，在国内市场它还是集中在一二线城市，只是顺便辐射到三四线城市。

所以，元气森林想要实现目标，最好的方法就是做品类延伸，不断研发新品。元气森林推出了各种饮品，包括酸奶、椰汁、果茶、乳茶、植物茶、功能饮料，等等。

作为创始人，唐彬森很清楚，如果元气森林推出的新品卖得火爆，接下来就一定会有人模仿。所以，元气森林只能用更快的速度上新，这样才能一直走在市场的前面。通过品类延伸，元气森林完善了自己的产品体系，而且在 2021 年实现了超过 70 亿元的营收总额，十分接近原本大家认为是天方夜谭的目标。

不只是元气森林，Babycare、参半等新消费品牌，即使冲到了细分赛道前列，也丝毫不敢有一点懈怠，马上就实施多品类战略。这两个品牌分别从腰凳、漱口水引爆市场，进而延伸到了多个系列的产品。

其实，从细分市场入手，用超级单品突破，然后进行品类延伸，进而占领更多的市场份额，这已成为新消费品牌的惯用打法。我认为，品类延伸可以为品牌带来以下好处。

- 复制打造爆品的从 0 到 1 方法论，借助原有用户群体、渠道、供应链，更易成功。
- 抢占市场先机，通过全品类发展，阻止竞争对手入局。
- 解决发展难题，占领新的市场，实现营收增长。

除了沿用同样的方法论、借助原有的用户群体做品类延伸，很多新消费品牌还针对不同场景开发新模式。比如，泡泡玛特不仅卖潮玩手办，而且在北京开展游乐园业务，这是完全不同于之前的新模式。

不过需要说明的是，品类延伸、开发新模式的前提一定是核心业务已经够强、够扎实，否则品牌可能会因为盲目扩张遭遇困境。

打造多品牌，拓展市场份额

新消费品牌通过复制从 0 到 1 方法论，打造全品类产品，拓展了市场份额，解决了增长难题。难道新消费品牌的终点，就是全品类吗？品牌打造了全品类产品后，万一又遇到新的增长瓶颈应该怎么办呢？已经走过这个阶段的新消费品牌，又是怎样做的呢？

纵观新消费市场，已经成长为头部的品牌们，除了马不停蹄地布局全品类产品，实力雄厚者竞争的焦点早已不再局限于某个单品或某个系列，而是将目光转向扩展副航道，孵化、投资、收购新品牌上了。

孵化新品牌

以我的经验来看，企业打造新品牌，主要基于以下三个原因。

- 满足不同群体的需求，与已有品牌做出区分。
- 抢占更多细分赛道，占领用户心智。
- 以防试验性的产品上市失败，降低对原品牌的影响。

企业打造的新品牌，一般是针对不同的群体和价位区间，与原品牌存在较大的差异。像大家熟知的飘柔、潘婷、海飞丝，其实都是宝洁旗下的品牌，分别满足消费者的柔顺、护理、去屑需求。小米专门推出的红米手机系列，本身就是低价位、高性价比的定位。

同样，新消费品牌借鉴了这些玩法，也开始孵化新品牌。

以喜茶为例，喜茶凭借用鲜奶、鲜果、好茶的高品质产品，搭配独有的品牌格调，以及充满美感的极简风门店，赢得了年轻消费者的喜爱，迅速占领了一二线市场。但是，喜茶的高价位还是会吓走一部分消费者，即使喜茶做了降价调整，但是产品的整体价格带仍维持在 19 ～ 29 元。

在同等价位，有奈雪和其争夺市场；在低价位段，又有古茗、印茶、COCO 等品牌紧追其后。与此同时，喜茶在一二线城市的用户市场也马上面临饱和，喜茶该如何突破重围呢？

早在 2020 年，喜茶为了占领下沉市场，就推出了喜小茶品牌。喜小茶将目标群体锁定在二三线城市，产品价格带在 8 ～ 16 元，选址在喜茶门店无法覆盖的办公区和生活区，门店更小，主打即买即走和外卖业务模式。

喜小茶还有自己的微信小程序、微博账号、微信公众号，运营体系完全独立于喜茶。就这样，凭借亲民的价格、复古的风格以及独特的营业模式，在推出的第一年，喜小茶就开出了 22 家门店，销售了 280 万杯茶饮。

与其他新消费品牌相比，喜小茶可以依靠喜茶积累的品牌势能和市场口碑，共享喜茶的供应链资源，在起步阶段宣传推广的成本较低，在短时间内能获得大众的认可。另外，喜小茶作为喜茶的产品线补充，能打开更多的市场，进而起到反哺喜茶的作用。

其实不只是喜茶，就连比较成熟的零食品牌三只松鼠，在 2020 年面临增长危机时，也一口气成立了铁功基、小鹿蓝蓝、养了个毛孩、喜小雀四个品牌，全力布局儿童食品、宠物食品等赛道。其中小鹿蓝蓝比较出色，上线一年销售总额就达到了 3.39 亿元，成为全网婴童零食销量第一的品牌。

这些已做出成绩的新消费品牌，针对不同的消费群体，继续抢占新赛道，努力成为该品类的领导者。同时，由于和原品牌分开运营，即使新品牌打造不成功，也不会对原品牌造成多大的影响。不过，需要注意的是，如果没有强大的技术壁垒，除非原品牌的目标群体达到饱和，才可以考虑启用多品牌战略。否则，原品牌本身缺乏竞争力，消费者对其认知又不强，贸然开启新品牌很容易顾此失彼，甚至最后哪个品牌都做不成。

投资、收购其他品牌

为了应对未来的竞争，很多新消费品牌做起了投资。比如，茶颜悦色投资了茶果品牌果呀呀；元气森林的投资领域，更是从咖啡、酒水，扩展到了肉制品赛道；泡泡玛特也成立了投资公司，进军动漫产业。

业内将这种企业设立的投资部门称为CVC（企业风险投资）部门，它是企业发展到了一定阶段，积累了一定资金后，为了战略布局而设立的。与传统的VC（风险投资）不同，CVC则是为了寻找企业的第二增长曲线。

因此，这些新消费头部企业的投资基本围绕完善产业链布局展开的。比如，泡泡玛特从纵向入手，打通产业链上下游，为主营业务服务；元气森林则是横向扩充品类，形成品牌矩阵；茶饮品牌的投资则是弥补业务缺口。新消费头部企业更多想利用多元化布局，在自身赛道之外，寻找新的增长空间。

除了投资新品牌，完美日记通过收购小奥汀、Galénic等品牌，扩充了自己的产品线。而且完美日记在其招股书中就已说明，将会拿出三分之一的资金，用于潜在的投资并购。

当然，能做出以上行为的企业，必须发展到了一定阶段，毕竟多品牌的建设、管理风险较大，需要有一定的实力做支撑。

CHAPTER 4
第 4 章

用内容撬动流量,让品牌持续增长

品牌增长模式，从大渗透到小渗透

有很多人询问，我做了战略定位，也打造了爆品，接下来是不是就该做营销、铺渠道了？理论上来说的确是这么回事，但前提是理解了品牌增长的底层逻辑。

大渗透：传统品牌生存模式

在传统消费时代，伊利、蒙牛、农夫山泉等品牌都是以规模取胜，它们讲究的是覆盖大媒体，做成大品牌，占领大渠道，让消费者看得见、想得起、买得到（见图4-1）。我将这种策略称为大渗透[⊖]策略。

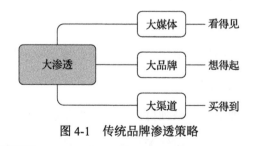

图4-1 传统品牌渗透策略

⊖ 大渗透的说法源自拜伦·夏普在《非传统营销》(*How Brands Grow*) 中提出的观点，被国内称为大渗透理论，并广泛用于品牌增长领域。

也就是说，要想打造一个有影响力的品牌，就要在营销和渠道方面有极高的渗透率。农夫山泉凭借在央视投放的一支"农夫山泉有点甜"的广告名声大噪。"我们不生产水，我们只是大自然的搬运工"，更是让它家喻户晓。就算到了今天，农夫山泉在营销方面的表现也从来没让人失望过，不管是打造纪录片、赞助体育赛事，还是冠名热门综艺，一直活跃在主流媒体平台上。

在渠道布局上，农夫山泉自建经销体系，销售网络非常发达。公开资料显示，2020年5月，农夫山泉经销商的数量接近4500家，终端零售网点在243万个以上，其中三线及三线以下城市终端零售网点有188万个。

就这样，凭借在媒体和渠道上的高渗透率，农夫山泉击败对手怡宝和娃哈哈，连续多年稳坐行业老大的位置。

传统品牌为什么要采用高渗透策略呢？其实，这和品牌增长模式有关。长期以来，传统品牌的增长模式都是用更多的曝光和更低的价格，刺激消费者购买；消费者购买的数量增加了，自然就会推动经销体系的搭建，吸引更多经销商加入，进而扩大渠道规模；在规模效应下，产品单位成本降低，盈利随之增加。循环下来，品牌可以将更多的收益持续投入营销，或者降低价格打击竞争对手（见图4-2）。

其实不只是农夫山泉，蒙牛、伊利、康师傅无一不是用这种方式来占领市场，成为行业巨头的。

尽管这种模式催生了一系列行业巨头，但是放到现在来看，还是存在一定的局限性，毕竟渠道不可能无止境增加，产品成本也不可能无限制降低。而且由于之前传播渠道单一和技术受限，品牌并不能准确地追踪营销

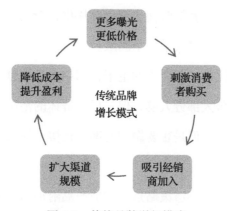

图 4-2 传统品牌增长模式

效果,只能通过触达人数来粗略估计,所以这种增长模式也会存在一定的瓶颈。

如今,传播媒介和销售渠道发生了很大的变化。

一是传播媒介变得分散而复杂,不仅有传统媒体,还有各种新兴平台,而且有长视频、短视频、图文等多种表现形式。

二是渠道变得丰富、多元,不仅有线下渠道,还有各大电商平台,后来随着短视频平台的出现,又有了直播渠道,甚至出现了DTC(直接面向消费者)模式。

可喜的是,伴随着数字化发展,现在的营销和渠道渗透效果都是可追踪、可调查的。所以,在这种情况下,不是说大渗透策略已经失效,而是要升级、迭代,或者在增长模式上发生变化。

小渗透:新消费品牌的增长飞轮

目前,新消费品牌大多采用小渗透的增长模式。由于传播媒介和渠道变得细分且多元，消费者的时间也变得碎片化，新消费品牌采用小渗透策略，聚焦于单一媒介，打入某一个圈层。

如果把大渗透比作一条河流的主干，那小渗透就是向各个方向延伸的支流。大渗透能覆盖大部分人群，但是目标群体的范围不够精准；小渗透虽然打入某一个圈层，但是想要做到精准、直接、深入，产品和内容必须有一定的吸引力和穿透力。

所以，我认为的小渗透策略是在增加产品附加值的同时，将有限的资源集中在一个媒介，并通过有吸引力的内容传达给用户，最终渗透到整个圈层（见图4-3）。

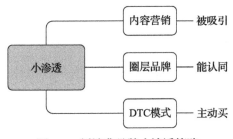

图 4-3 新消费品牌小渗透策略

以一个我关注已久的香氛品牌观夏为例。观夏真是一个神奇的品牌，它没有天猫店，只靠微信小程序商城，2021年商品交易总额（GMV）就过亿元。

不同于其他国产香氛品牌定价较低的路线，观夏走的是高价位路线，从包装、设计到工艺，都对标大品牌，客单价维持在500元左右。观夏的产品稀缺且极具个性，无不彰显着简约东方美的格调。

更令人惊讶的是，观夏不做社群运营，客服团队规模不大，几乎不送福利、不搞促销,仅凭微信公众号推送内嵌购买链接的精品文章,就吸引了上百万名粉丝关注,年销售额高达上亿元,而且复购率超过60%。

观夏能取得这样的成绩,当然和营销不无关系。据说它每推送一篇文章,都要耗费30万~45万元,可见其多么重视对内容的打磨。

观夏可以说是应用小渗透策略的典型代表,它利用内容营销和DTC模式,强烈吸引、深度连接目标用户。

那么,小渗透策略下的品牌增长模式是什么样的呢?

小渗透增长模式是指品牌通过精准的内容营销,深入影响目标群体的决策,从而吸引他们购买产品。品牌还针对用户反馈,快速迭代和升级产品,从而增加核心用户的复购次数,以持续实现盈利(见图4-4)。

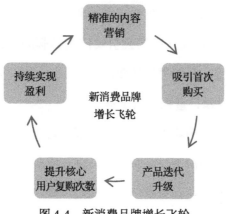

图4-4 新消费品牌增长飞轮

当然,处于增长初期的新消费品牌资金和资源有限,只能依赖单一渠道营销,但是这种模式不仅解决了品牌的困境,还拉近了品牌与用户的距离。另外,小渗透增长模式不是新消费品牌的专利,对于想与用户建立联系、采用大渗透策略时遭遇瓶颈的传统品牌同样可以尝试。

品牌角色和用户关系发生变化

小渗透增长模式必然带来品牌和用户之间关系的变化，主要包括以下几点。

变化1：直面用户，拉近距离

显而易见的是，无论品牌在抖音、小红书上做营销，还是通过DTC模式销售产品，品牌与用户之间的距离都被大大拉近了。一方面，品牌可以将自己的产品信息、理念更直接地传递给用户；另一方面，用户也能把自己的需求反馈给品牌。

前面提到的香氛品牌观夏就是通过微信公众号和小程序商城，向用户传达理念并销售产品的。用户也可以在微信公众号留言，提出反馈。这样一来，品牌和用户就实现了无隔阂沟通，随时可以连接彼此。

更重要的是，DTC模式必然会引发传统品牌的经销体系变革，使品牌从原来的渠道思维向品牌思维转变。

变化2：圈层营销，重视思想渗透

随着抖音、小红书等新型营销平台兴起，营销内容可以精准投放到某个圈层。但是在这种情况下，品牌逐渐发现仅靠触达并不能实现产品的转化，触达和转化之间还存在一道巨大的鸿沟。我服务过的很多品牌多次表示，用户的注意力对产品的转化和复购影响极大。品牌营销越有吸引力，产品消费转化率越高。因此，吸引用户的注意力及加强内容的影响力成为品牌需要关注的问题。

与此同时，触达也不再是衡量营销效果的主要参考因素。在互联网时代，搜索和分享同样十分重要。因此，品牌要更加重视消费者需求，而不能一味地输出自己认为有价值的内容。

变化 3：品牌共创，用户参与其中

估计大家常听到一个营销观点，那就是品牌要有故事。在传统营销理念下，品牌随着产品和渠道的不断完善，会提炼出品牌价值，进而打造品牌故事，并利用广告的形式单向传达给用户，引起用户的共鸣。

现在由于品牌和用户沟通渠道的打通，以及品牌对用户需求的重视，品牌非常乐于邀请用户共创产品，用户也很享受参与其中。在用户眼里，他们并不需要一个多么完美的品牌来满足自己的需求，而是更愿意和品牌一起打造他们所认同和需要的产品。用户和品牌共创的过程，本身就成了品牌故事。

这让我想起关于匹克运动鞋的一件事。2018 年，匹克推出了一款名为态极的运动鞋。这款运动鞋有一个独特的卖点，就是采用了中底科技，即随着受力的变化，鞋的中底会自动给出反馈并调整。当你走路时，感觉鞋底是软软的；当你跑步时，觉得鞋底又是有弹性的。由于功能强大，这款鞋一上市就销量惊人，一时间匹克收获了很多好评，与此同时也传出很多不满的声音。很多消费者表示，鞋子虽然功能强大，但是细节处理和整体设计做得太差了。

面对这件事情，匹克并没有回避，而是将这些差评收集起来，专门用 B 站的官方账号做了一期球鞋读书屋的活动，让 CEO 和设计师读这些差评，最后表示接下来的产品会做出改进。经过大概半年的时间，匹克推出了迭代后的态极运动鞋，这次匹克又将用户们的差评印在鞋盒上。这样，用户收到的就是鞋盒印有差评的产品。

很多人都觉得这件事情不可思议，一是匹克面对差评并没有进行公关，糊弄了事；二是匹克竟然将用户的差评印在鞋盒上，而且还一一指出哪里做了修改。这件事情让用户觉得很有参与感，认为自己对产品的改进做出了贡献，匹克亲民的品牌形象得以树立。

以上这件事折射出的是品牌角色的变化。新消费品牌不再只是产品的提供者，而是用户生活中的某个角色。它可能是你的好朋友，是有相同爱好的支持者，也可能是你的伴侣，懂你、爱你、支持你，虽然会有摩擦，也会吵架，但是能够共生存、共创新、共进步。

两种打法：动能品牌、势能品牌

前面我介绍了品牌的增长模式以及品牌角色和用户关系的变化，接下来我将分析新消费品牌中两种比较常见的品牌打造方式。

这里有两组品牌：第一组有完美日记、王饱饱、Ubras，第二组有喜茶、观夏。你是否对这些品牌有所了解？这两组产品的区别是什么？

就拿大众比较熟知的完美日记和喜茶来说吧。完美日记给人的印象是大牌平替、高性价比，在小红书、抖音等平台的相关营销内容有很多。而喜茶呢？它是奶茶中的中高端产品，价位高，店面和产品给人的感觉就是有品位、有格调。

简单总结，完美日记凭借低价和大力营销快速崛起，而喜茶则是凭借自身的产品和调性引领行业。

刀法 Digipont 的创始人刀姐常年从事品牌解决方案工作，根据这两类品牌对应提出了动能品牌和势能品牌的概念，目前行业内也比较认可。

动能与物体的质量和速度有关，质量越大、速度越快，产生的动能也就越大，应用到品牌上就是快速运转。完美日记、王饱饱和花西子都属于动能品牌。

势能的关键不在于速度，而在于位置，位置越高，能量则越大。因此，喜茶、观夏等品牌属于势能品牌。

以下是两类品牌的区别（见表 4-1）。

表 4-1 动能品牌与势能品牌的区别

品牌类型	特点	品牌打法	品牌代表
动能品牌	流量驱动（速度快，规模大，效率高）	寻求流量和品类的契合点，用流量渠道做用户渗透，通过规模倒逼用户深化品牌认知	完美日记、王饱饱、Ubras
势能品牌	认知驱动（黏性高，壁垒深）	品牌理念优先，寻求承载理念的产品，然后用理念唤起用户对品牌的认知	喜茶、观夏

可以看出，同为新消费品牌，完美日记和王饱饱等品牌是用规模倒逼用户深化品牌认知。也就是说，动能品牌的核心在于高效地运转，快速出新、快速占领市场，一旦挖掘出爆品，就会在朋友圈、小红书、抖音各个渠道轰炸用户，通过快速占领流量高地扩大规模，从而让用户认为这是一个知名品牌。其实，动能品牌的底层逻辑，多少跟传统品牌的大渗透策略类似，都是靠价格或规模占领市场。只不过动能品牌作为新消费品牌，又具备了新的特色。

反观喜茶和观夏这类品牌，在抢占市场的时候，并不是拼流量，而是理念优先。这类品牌会先提出一个具有引领性、让大家向往的理念，然后再打造出承载理念的产品。这类品牌通常将势能积累到一定程度再扩大规模，一般客单价和利润会比较高。

这两类品牌的打法各有利弊，动能品牌的优点在于崛起速度快，且在短时间内抓住了流量红利，但是抗风险能力较弱，容易被同类产品超越；势能品牌虽然做不好很容易变成孤芳自赏，但是一旦做成功，抗风险能力较强，且用户黏性大，品牌所获得的购买力和利润令其他品牌难以望其项背。

在这里，我无法评判品牌打法的好坏，因为每一个品牌的创建，多少和它的定位及创始人的经历有关，但是毕竟选择了不同的路，注定要承担不同的回报和风险。

以内容为抓手，加强品牌与用户的沟通

前面讲了品牌增长的底层逻辑，接下来分析内容体系的搭建。现在的品牌，不仅要打造出好的产品，还要懂内容。

随着各种平台的兴起，我们迎来了内容时代。内容不仅是品牌传达理念的载体，还是消费者和品牌对话的桥梁。不管是产品设计、营销，还是线上电商、线下门店，品牌处处都要用内容去表达；消费者与品牌的沟通和共创，更是少不了内容这个要素。因此，内容的重要性不言而喻。

一个完整的内容体系，不仅包括内容的产能、内容的质量，还包括内容的分发效率，甚至是后续的转化效果。

我认为，品牌做内容之前，要思考以下四个核心问题（见图4-5）。

- 我应该构建什么样的内容用来与消费者对话？
- 我是否找对了沟通对象？
- 我是否找到了合适的对话方式？
- 我是否找到了合适的流量去传播品牌价值？

图 4-5　品牌做内容前需要思考的问题

只有思考清楚了这几个关键问题，品牌才把握住做内容的重点，不会在大方向上跑偏。

五个维度，提升内容吸引力

我们总说要打造有吸引力的内容，什么样的内容才算有吸引力呢？我认为，一个内容是否有吸引力，可以从感官刺激、互动性、价值感、情绪感染力和创新性五个维度考虑。

维度 1：从感官刺激入手，提升内容吸引力

品牌可以利用画面、文字、声音等形式，对消费者的感官进行刺激，以此达到吸引消费者的目的。产品对感官的冲击力越强，越容易引起消费者的注意。

感官刺激强的营销内容既具备美感，又与品牌或产品特性相关，同时能让消费者迅速理解到品牌想传达的意思。

感官刺激包含视觉、听觉、嗅觉、味觉四个方面，品牌在做线下营销

活动时，可以把对这四个方面的吸引力发挥到极致。比如，从视觉上根据主题进行布置，从听觉上可以放符合氛围的背景音乐，从嗅觉上可以让空气中弥漫某种香气，从味觉上可以摆上消费者喜欢的食品、饮品。线上营销比较受局限，一般只考虑视觉和听觉两个方面。

线上营销在感官刺激上做得比较出色的有花西子。花西子每次新品上市的宣传广告都堪称视觉大片。以苗族印象系列产品为例，花西子在宣传片里展示了苗族银饰工艺精美，又与产品设计很好地融合在一起，受到众多消费者的称赞。

维度2：从互动性入手，吸引消费者加入

对于内容营销，我认为互动性也十分重要。互动性可以增强消费者的参与感，拉近品牌与消费者之间的距离，提升消费者对品牌的信任度。

在营销活动中，常用的互动方式有游戏、测试、产品体验等，带有一定的社交性、趣味性和挑战性。一个互动性良好的营销内容，必然会带来更多的正向收益，但是难点在于如何吸引消费者主动参与，并在体验过程中反馈良好，这样才会带来越来越广的传播。

蜜雪冰城营销广告中有句歌词是"你爱我、我爱你，蜜雪冰城甜蜜蜜"，一经推出就吸引了众多网友的跟唱，如果消费者去线下门店演唱，还能免费领取饮品，这一活动引发了蜜雪冰城品牌更广泛的传播。

除此之外，肯德基利用AR等互动技术进行游戏互动，只要消费者做出比心的动作，屏幕上就会出现泡泡，而且还能用炸鸡桶接住泡泡。肯德基利用这种形式，增加了营销活动的趣味性，也拉近了品牌与消费者之间的距离。

维度 3：提升内容价值，让消费者有所收获

价值感是指通过查看营销内容，消费者产生了能获取一定价值的感觉。这个价值可以是为消费者解决了某个难题，也可以是学到了知识、扩展了眼界，甚至是获得了人生方向上的指引。

价值感可以说是营销内容的关键，基本决定了消费者是否能够被品牌说服。比如，很多护肤品牌的广告都是从功效出发，直击消费者的痛点，直接解决消费者的皮肤管理难题。还有一些品牌广告宣扬了某种态度，能对消费者做出精神或观念上的引领，使消费者感觉价值感满满。比如，有一款轻食产品在做营销时并没有直接宣传产品的功效，而是针对当下年轻人因无法坚持瘦身而焦虑的现状，给出了全新的瘦身观点：瘦身有 N 次放弃，就有 $N+1$ 次再开始。品牌告诉消费者其实重新开始也是一种坚持，让广大"日抛型"瘦身人士顿时获得了力量。

维度 4：洞察人性，激发情绪力

除了具有价值感，好的内容还应该有情绪感染力。很多资深广告人在内容创作时都强调冲突感，因为它能给人带来强烈的情绪反应。品牌可以从让消费者好奇或产生共鸣入手提升内容吸引力。有了情绪的催化作用，消费者更容易被品牌打动。

维度 5：利用创新元素，打造新奇感

创新性对于品牌来说也是非常重要的一点，这可以是形式上的创新，也可以是内容上的创新。

目前，各种媒体平台发展迅速，内容形式也五花八门，如果品牌在内容创作上没有一定的新意，很难引起消费者的注意。比如，有些品牌用漫画形式介绍产品，有些品牌用情景剧的形式宣传新品，前面介绍的肯德基使用 AR 互动营销，也是很好的创新形式。

在近几年的品牌营销案例中，不得不提的就是故宫的内容营销了。以前一提起故宫，人们想到的总是一派皇家威严，但是如今故宫的内容团队将皇帝、妃子、宫女等角色以动态图片和视频的形式呈现，并给他们配上有趣的台词，"总有刁民想害朕""感觉自己萌萌哒""朕亦甚想你"，等等。凭借新颖的内容，故宫打造的或联名的产品连续几年受到好评，一度引发抢购热潮。

最后，需要提醒的是，好的内容最好能同时具备多个维度的吸引力。如果缺乏感官刺激，很难吸引消费者产生兴趣并看下去；如果缺少互动性，则不能让消费者深入接触产品；如果少了价值感，难免让消费者觉得没有内涵，自然品牌的传播也就失去了相应的意义；如果没有情绪感染力，消费者很难被打动，总觉得少了些推动力；如果没有创新性，产品内容很容易被淹没在内容之海里，不能被消费者记住。

九宫格思维法，找到好创意

很多品牌在谈到具体的内容创作时，说不知道该从何下手，并询问我有没有好的方法。其实在营销界早就流传一种九宫格思维法，可以帮品牌找到好创意。

九宫格思维法是指在一张九宫图中，将主题写在最中间，然后围绕主题，向四面八方联想，发挥创意的扩散性思维方法（见图 4-6）。

创意	创意	创意
创意	主题	创意
创意	创意	创意

图 4-6　九宫格思维法示意

九宫格思维法一般的操作方法有两种：第一种是以中央方格为起点，沿着顺时针方向，按照一定的相关性，依次在格子里填写内容；第二种是以中央方格为中心，任意向八个方向发散，填入的内容只需与主题有关，它们之间不必有相关性。

举个例子，一个男士用品的品牌想在过年之前针对剃须刀这款产品做营销活动，目的是在宣传品牌的同时带来更多的销售转化。

营销活动的关键要素包括目标用户、场景、话题、痛点、卖点及情绪价值（见图 4-7）。除了目标用户是确定的，其他方面都可以用九宫格思维法一一展开。

图 4-7　营销活动关键要素

我针对剃须刀这款产品以场景为例进行发散思考。过年与这些场景相关：女生为男朋友准备礼物，男生收到年终奖想犒劳自己，男生邋遢被父母嫌弃，男生出去相亲想留下好印象，有亲戚聚会等，填入九宫图后如图 4-8 所示。

情侣送礼	犒劳自己	父母嫌弃
相亲	场景（过年）	亲戚聚会
……	……	……

图 4-8　剃须刀营销的过年场景九宫格

不同的场景，可以匹配不同的话题、痛点、卖点及情绪价值。其实，确定了场景，基本就能确定用户的痛点和情绪价值，随之也就能匹配到合适的卖点。

比如，选择相亲作为场景，那话题就可以是男生的形象，用户的痛点可以是邋遢、迟到、刮伤，等等，总之就是给女方留下一个好印象（见图 4-9）。

邋遢	迟到	刮伤
即拿即用	场景（过年相亲）	不影响心情
……	……	……

图 4-9　过年相亲场景下用户痛点九宫格

这时相应的情绪价值就是剃须刀是他的好帮手，能给他带来自信和力量，背后折射的卖点有刮得干净、效率高、超长续航、外观漂亮，等等（见图 4-10）。

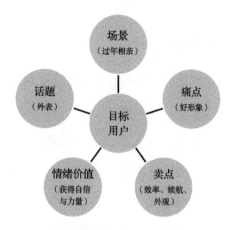

图 4-10　过年相亲场景下的各营销活动关键要素

根据这些要点,可以试着组织内容:一位男生在家过年期间,脸也不洗、胡子也不刮,突然接到哥们儿电话,让他马上过去,说要介绍个女生给他认识,为了留下好印象,于是他……

关于具体内容,可以进一步想象,这样一个基本的营销思路就确定了。另外,一般品牌每次都会确定好几个方案,因此会选取多个场景进行策划,然后将这些方案分别进行小范围测试,哪个反应好就确定将哪个方案进行大规模投放。

除了从场景切入外,也可以从话题切入,用九宫格思维法寻找创意。品牌也可以从目标用户感兴趣的话题,或者利用微博热搜等途径寻找既有热度,又与用户关联度较高的话题切入,这样就有可能获得比较大的流量。

最后需要说明的是,九宫格思维法只是一个工具,并不是说每次非要把所有格子都填满,也并不是说有更多的创意就一定要舍弃,只要能从中收获创意就行,数量并不是限制因素。

做好内容要掌握底层逻辑

现在大家都知道了内容的重要性,但是很多人可能会问,到底什么才算好内容?

可能有人会说有故事性,有人会说有冲突感,还有人会说有利他性,甚至还有人认为经过市场验证的内容才是好内容。没错,这些都可能是一个内容被认可的特点,但是对于品牌来说,关键是打造自己的内容标准,在不断尝试和验证之后,形成自己的内容模板。

我最近在研究匹克这个运动品牌,自从 2018 年匹克打造出态极系列运动鞋之后,就开始出现逆势增长。虽然匹克是成立于 1989 年的老品牌,但是这两年的运营模式和新消费品牌很像,因此,我在这里分析一下匹克打造内容的底层逻辑。

底层逻辑 1:价值观

在匹克的内容体系里,排在第一位的是价值观。这是为什么呢?

在生活中,我们被一个人所吸引,一定是因为他身上有我们欣赏的闪光点,或者他有比我们更高深的认知或更大的格局,品牌和消费者之间的关系也是如此。如果消费者欣赏这个品牌并认同它的价值观,自然就会关注它、购买它的产品。正是出于这些考虑,匹克在做产品营销或和媒体、KOL 合作时,一直非常坚持输出自己的价值观。

近两年,匹克以科技为品牌的追求,它不仅有中国自主研发的技术,而且还能以科技为特色,让中国的运动设备走向世界。

2019 年,匹克想在国外开展营销活动,于是找到了一位美国的

KOL。视频的内容是这个 KOL 在美国的球鞋店里看到了匹克的产品,他觉得鞋的功能很好,用的技术很先进。通过这个视频,匹克向大家传输了一个观点,中国的产品已经走向世界,并在国外获得了认可。

与此同时,匹克在内容的对外输出上有一个很特别的要求:与 KOL 或媒体合作时,要求它们立场公正。KOL 或媒体可以描述产品的优点,也可以指明产品的不足。这也是匹克一直坚持的价值观,即以真诚的态度对待用户,这种价值观拉近了用户与匹克的距离,同时也激发了匹克做更好的产品的热情。

底层逻辑 2:差异化

品牌定位要有差异化,打造产品要有差异化,做内容营销同样需要差异化。差异化需要贯穿始终。

还是以匹克为例,在国内的运动品牌中,最近几年发生了三件比较大的事:一是李宁在纽约时装周上,以时尚又极具设计感的国潮风格,成功颠覆了人们对品牌的认知;二是匹克推出的态极鞋,用实力证明了中国的科技力量;三是 2021 年鸿星尔克为河南洪灾"野性"捐款,获得了网友们的高度赞赏。其实这些事件的背后,都源自品牌差异化下的内容营销策略。

李宁在纽约参加时装周后,国内很多运动品牌纷纷效仿,但是匹克并没有这样做,因为匹克发现这并不是自己特有的优势。李宁之所以能参加时装周,是因为背后有非常强大的设计团队,而匹克给消费者留下的是研发者的形象。因此,匹克的营销策略都是围绕科技这个核心展开的,这既是品牌的价值观,同时也是区别于其他品牌的最大亮点。

底层逻辑 3：反差感

反差感是一个事物展现出了与我们想象不符的情况，从而使我们感到震惊。就像前面讲过的匹克利用差评与消费者共创产品的事件。按照常规思维，当品牌出现差评或发生恶性事件时会选择遮掩或沉默，但是匹克竟然公开回应差评，并且保证会改进，不禁让广大消费者直呼"匹克的设计师知错就改"。

而且当迭代产品上市时，匹克又把差评印在了鞋盒上，并在下面写了改进方案。比如，针对其中的一条差评：稳定性需加强，踩在态极上，像是儿童玩蹦床，下一刻在哪里？我自己都不知道！匹克给出的解决方案是提升稳定性与抗扭转性，并写明了具体在后跟、中底上做了哪些调整。

这种方法能快速拉近品牌与消费者的距离，扭转企业形象，是常用的营销策略。

底层逻辑 4：进化性

除了价值观、差异化和反差感，最好还能让大众感受到品牌的进化性，也就是让消费者看到产品是有变化的，是在成长的。因为消费者是不断变化的，品牌要与之同频，不断进化。

就像匹克主动站出来承认产品的不足，让消费者看到了品牌想要改进的决心，后来匹克又用更好的产品证明了自己，给消费者带来了信心。

以上四点是解决品牌辨识度的关键，尤其是价值观和差异化。品牌辨识度高了，一个内容放出来，大家就能识别出这是什么品牌或者哪个产品。有了这些底层的基础后，品牌再和节日、热点、消费者偏好、触媒习惯等相结合，就可以开发出有针对性的内容和消费者做连接。

兼顾三大难题，实现品效合一

新消费品牌由于资金有限，在内容投放上比较追求品效合一，但是始终被几个问题所困扰：如果投放信息流或短视频，虽然流量很大，但是总觉得内容不够高级；制作了高级、有调性的内容，但是总觉得传播的覆盖度不够；随着营销内容分发量的加大，品牌是否能很好地保持一致性？这些问题确实比较难以同时兼顾。

曝光次数与心智渗透率

随着各种媒体平台的崛起，消费者的时间碎片化程度加剧，很多品牌都在思考一个问题：在传播内容时，我到底是追求用户的曝光次数，还是追求用户的心智渗透率？

其实这个问题的核心是品牌在内容传播上该追求广度还是深度。曝光次数就是传播的广度，而心智渗透率则是对用户影响的深度。内容的广度和深度，看似难以兼具和平衡。具有广度的内容，因为覆盖面广，能吸引更多的新受众；具有深度的内容，能加深品牌和受众之间的关系，增加受众的黏性。在追求曝光次数，也就是传播的广度上，品牌的常规做法是加大内容投放量；在追求心智渗透率，也就是内容的深度上，品牌更应该挖掘受众的关注点，围绕他们投放有针对性的内容。

当然，不够优质的内容，即使有再多的曝光次数，也是无效的。而且品牌追求的不应该是同一个内容触达某单一用户多少次，而是针对不同的人和场景尽可能多地触达用户。

虽然传统品牌在营销上更注重广度，新消费品牌更注重深度，但是随着发展阶段的变化，营销会出现一种趋势：新消费品牌的受众逐渐向大众转移，而传统品牌也逐渐向小众群体渗透。

其实，内容的深度和广度同样重要，而且相辅相成，品牌只要根据自己的目标制定相应的策略即可。如果担心效果，品牌也可以进行小范围测试，然后再决定是否大规模投放。

内容多元性与内容一致性

随着各种媒体平台的崛起，品牌自然会生产更多元的内容，但是内容过于五花八门，又很容易丧失品牌的调性，这该如何平衡呢？

有一个形象的比喻：内容就像水一样，能适应不同的平台又有各种呈现形式；同时又像链条一样，互相之间存在连接。

之所以说内容应该像水，是因为不管在什么媒介里，它自己是能流动的，而且呈现的状态也可能是不同的。比如，小红书是最大的兴趣社区之一，而抖音不仅是内容平台也是电商平台，因为平台特性不同，内容必定也是多元的。针对这点，品牌可以根据不同平台的特性，分成不同的小组跟进。

但是，不管是在哪个平台，用什么样的形式营销，都需要有一条绳子（主轴）贯通。因为随着投放的内容素材越来越多，品牌可以选择用 KOL 种草，也可以投放抖音的开屏广告，但是呈现的价值观应该是一致的。

点击率与转化率

很多品牌都会困惑，为什么有些点击率高的内容转化率却很低？为什么我的内容既没有点击率又没有转化率？

现在很多品牌在营销上，都追求品效合一。品效合一的意思是，营销时品牌的声量和产品的销量要同时兼顾。

在这个数字化时代，曾经在营销界流传的"我知道广告费有一半是浪费的，但我不知道是哪一半"，也会因为数据变得可追踪、可监测，马上要失效了。

其实，一个内容既要保证点击率，又要保证转化率，同时还要传递品牌的价值，这是一件很难的事，需要很强的品效合一的内控团队操作。

关于如何提升点击率和转化率的方法有很多，在这里我只讲底层逻辑。

能吸引人们点击一个内容的底层逻辑都是人性，人们喜欢看到少见的、对自己有用的、能引发共鸣的内容。如果你想吸引眼球，就用热点话题或者新奇的东西为基础进行延伸，就会换来点击率的提升。

转化率最核心的问题是品牌是否满足了消费者的核心需求，是否针对他的痛点或需求提供了满意的解决方案。这就源于品牌对核心目标的洞察，其中包括他们的消费需求和心理需求。

一个内容的创意好不好，同样也可以通过转化率来证明。比如，有一个保温杯品牌在抖音上营销一款159元的保温杯，主打的卖点是材料无害、超长保温，但是转化率仅为2.5%，转化效果不佳。后来，品牌将两个保温杯组合成情侣套装，单价并没有调整，两个保温杯卖318元，同时将营销内容调整为"你每天喝水时，就会想到你爱的人，你可以和他一起爱上喝水，一起变漂亮、变健康"。后来品牌发现，这款产品的转化率达到了10%。

综上所述，以上几点虽然可能难以同时兼顾，但是品牌可以根据自己的侧重点有所取舍，当然如果能在各点之间找到平衡，那自然是再好不过了。

建立内容中台，做好内容转型

在我接触过的品牌中，很多都在谈数字化转型，并且认为数字化是企业的核心战略之一，但是我很少听到品牌谈内容化转型。其实内容化转型的重要性丝毫不亚于数字化转型。我认为企业也应该制定内容战略，将内容化深入企业经营的各个层面，而不只是依靠营销部门。关于内容战略，在这里我有三个想法分享给大家。

1. 建立内容中台很重要

现在，不论是产品打造、渠道投放，还是营销活动，几乎每个环节都要涉及内容，内容是一个系统化的工程，贯穿于企业的所有部门。既然如此，不如建立一个内容中台做支撑。

如果品牌建立了一个非常强大的内容中台，它就可以将前端部门和不同渠道输出的内容整合起来，这会大大提高内容的生产和分发效率。尤其在现在的营销环境下，品牌每个月都要产生几百条甚至上千条内容素材，如果由统一的中台管理，更有利于把控和规范内容。

2. 人人都是内容生产者

很多品牌存在一个误区，认为内容应该由品牌部或营销部负责，这种思维要及时转变。每一位员工都应该具备内容思维，以更好地协助品牌对所有场景、所有渠道做内容输出。

据匹克内部人员透露，匹克从设计端到产品端，每个员工都十分重视与消费者的沟通，就连供应链的负责人都在论坛上向消费者讲解产品情况，解答消费者的疑问。这样一来，匹克一方面了解了消费者的需求和反馈，另一方面也向消费者传达了品牌理念，普及了产品知识。

3. 内容贯穿产品打造全流程

三顿半在前期打造产品时，就融入了内容元素。每一个能快速引爆市场的品牌，必然在每个环节都从内容角度进行了思考。

我服务过的一家零食品牌在洞察消费者需求的时候就考虑到了内容的传播。在产品研发时，该品牌组织了大量的消费者，针对他们的需求和偏好进行内测，这些内容，能帮品牌有效提炼打动消费者的卖点。

在打造产品时，产品的包装、文案，甚至是形态，都是影响产品销量的关键因素。而后续的营销，线上、线下店铺铺货，自然少不了内容的输出。即使到了产品售后环节，消费者的反馈又会给品牌带来新的启发，这一过程就像匹克与消费者在共同迭代产品，本身也在做内容整合和传播。

总之，内容在品牌成长的过程中扮演着越来越重要的角色，品牌要想在市场上占有一席之地，更好地占领消费者的心智，就要重视内容战略。

精准触达用户，占领消费者心智

很多品牌在打造产品和搭建内容体系之后，又会询问怎样才能更好、更快地把产品卖给更多消费者呢？

与传统品牌上来就找渠道销售不同，新消费品牌往往是从年轻人集聚的社交平台入手，并借助 KOL 以有趣多元的内容和形式推荐产品，在年轻人的心中建立认知，进而实现产品的销售。

关于新消费品牌的打造，网上流传着一个公式：一个新品牌爆款 =

5000篇小红书笔记+2000条知乎问答+头部主播带货。的确，这种打法能帮助品牌在成立初期快速崛起，但是等发展到一定阶段，获得一定的流量后，可能会面临增长困境，品牌需要将影响力扩散至各个圈层。这个时候，新消费品牌就要考虑请明星代言，利用跨界联名、线下活动、内容营销等方式逐步扩大影响力，进而收割不同圈层的用户。

总体来看，新消费品牌在不同阶段采取的营销策略也不同。

0～1阶段：新消费品牌在建立初期多采用KOL口碑建设的方式，在社交媒体平台借助有趣的话题及产品分享内容等，用短视频、图文和直播等形式，集中对某个圈层的用户发力。

1～N阶段：除了用KOL建设口碑外，新消费品牌还会用跨界联名、明星代言、线下活动等形式破圈（见图4-11）。

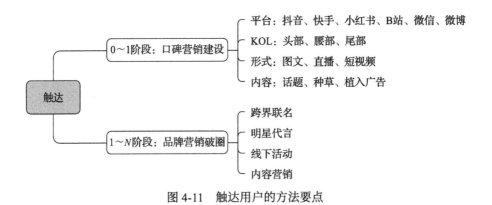

图4-11　触达用户的方法要点

精准触达年轻人聚集地

"流量在哪，生意就在哪。"要想实现产品的转化，首先就要做好用户的精准触达。

近年来，随着社交媒体的兴起，抖音、快手、B 站、小红书等平台成为年轻人的聚集地，同时也成为新消费品牌触达用户的第一站。

虽然同为社交平台，但是每个平台的属性、风格和用户，却有明显的差异。小红书以女性群体为主；抖音呈瀑布式推荐，内容更具娱乐性；B 站盛行弹幕文化；快手用户更下沉……即使同为短视频平台的快手和抖音，在各方面也存在极大的不同。这就需要品牌在进行内容投放时，根据自己的定位选择适合的平台与 KOL。

那么每个平台有怎样的特性呢？内容投放时又该注意什么呢？

平台不同、特点不同

（1）微博、微信。

微信和微博陪伴用户年份较久，已成为体量极大的平台。如果把微信比喻成一个有强关系的私人会所，微博则更像是一个公开的话题广场。微博上有大量的明星和 KOL，是年轻用户的追星主阵地，如果品牌选择明星代言，那么就可以在微博上调动粉丝的力量。"造热搜、上热门"是微博营销的常用手法。微信生态比较丰富，有公众号、视频号、小程序等，在强关注与推荐机制下，创作者和用户的关系黏性比较强，比较利于产品复购、深耕品牌影响力。

（2）抖音、快手。

同为短视频平台的抖音和快手用偏娱乐化的内容吸引用户，强推荐机制可以让用户获取更多信息，品牌也能用视频的形式呈现创意、多元的内容，非常利于品牌推广，并快速形成转化。

有人以为抖音的用户主要是一二线城市的年轻人，但是抖音其实早已完成了多线城市、多圈层用户的布局，截至2020年年底，抖音在三四五线城市用户的占比就已经达到70.5%。抖音的营销重点，是以优质内容撬动粉丝互动，扩大传播。

与抖音不同，快手属于非常典型的圈层社交平台，KOL与粉丝们的关系更像是处于熟人社交圈，圈层内的价值观高度一致。在这种去中心化的模式下，虽然不容易制造内容爆款，但是更容易加强用户之间的黏性。所以，快手的营销重点则是通过KOL宣传真实的产品内容，进而促进转化。

（3）B站、小红书。

B站、小红书的内容专业、真实、充满趣味，有丰富的好物测评与分享，很适合通过分享日常生活的方式种草。小红书聚集了众多的女性用户，美妆类的品牌更应重点关注。

关于B站，可能大家觉得比较难以定义，因为现在的它早已不仅仅是二次元社区，而是一个综合性的内容平台。B站以中长视频为主，有特有的弹幕文化。有人认为，B站更像是"抖音+知乎"，或者"视频版的小红书"。

平台不同，各行业投放量不同

由于平台特点不同，品牌的投放策略也不太一样。比如，小红书是以铺量为主，而B站则以砸金取胜。

从图4-12中可以看出，日化、饮食、小家电行业新消费品牌在B站上的投放金额比较大。一方面是因为B站UP主收取的费用普遍偏高，另一方面则是B站以中长视频为主，用户乐意接受较为深度的内容，UP主可以从更专业、更具趣味性的角度对内容进行讲解，用户更容易信服，品牌也愿意花高价投放内容。

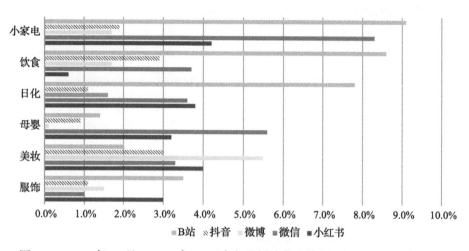

图 4-12　2020 年 10 月～ 2021 年 10 月各行业新消费品牌在社交平台投放金额占比
资料来源：微播易数据研究院。

另外，不同品类的品牌在选择平台时也会有差异。总体来说，服饰类主要在小红书和微信投放；美妆类更偏爱微博、小红书和 B 站；母婴类主要聚集于小红书、微信；日化更看重小红书；饮食更喜欢投放在小红书、微博；小家电则选择微信和小红书（见图 4-13）。

平台在投放时都会选择多平台布局，并不只依赖抖音、小红书或快手。整体来看，除了小红书的投放量明显比较大，B 站的母婴类内容偏少，其他几个平台并没有量级的差别。

平台不同，展示形式和玩法不同

微信为图文平台，快手、抖音为短视频平台，而微博、知乎几乎承载所有媒体形式。因为平台属性不同，自然展示的形式就不同。比如，长图文类内容适合更喜欢深度阅读的用户；短视频受众接受门槛低，更有利于品牌触达下沉市场；直播的呈现效果直观，消费者带着购物目的而来，品牌能将有趣的内容中融入销售，转化力强。

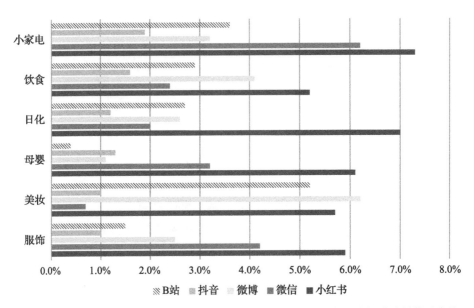

图4-13　2020年10月～2021年10月各行业新消费品牌在社交平台投放账号数量占比
资料来源：微播易数据研究院。

在玩法上，虽然各平台都是品牌投放阵地，但是玩法也有差异。同样是KOL种草，小红书是以好物合集、探店、清单等形式出现；B站则是用开箱、红黑榜和vlog；抖音则更注重与场景融合，更关注品牌品质。

基于以上情况，各品牌在进行投放时，会根据自身需求和平台特点进行营销。

完美日记在小红书渠道，前期联合明星、知名KOL营销，赢得用户关注和品牌背书；中期利用头部和腰部KOL扩大影响力；后期瞄准尾部

KOL、一般用户，最终引发裂变。在 B 站上，完美日记邀请 UP 主将产品融入内容创作，并与用户进行弹幕互动。在抖音、快手上，完美日记主要用产品测评、情景剧、妆容分享的形式营销，并邀请垂直和非垂直 KOL 齐发力，最终引导用户到电商平台进行消费。

最后，我将各主流平台及其特征、属性、呈现形式、营销方式做成了表格，大家可以在整体上有个了解（见表 4-2）。

表 4-2 各主流平台特征、属性、呈现形式及营销方式

平台	特征	属性	呈现形式	营销方式
微博	用户年轻、内容传播力强、互动率高	公域广场、泛娱乐媒体	图文、短视频	晒单、产品试用、KOL 推荐等
抖音	以一二线城市为起点，多线城市布局，娱乐性强	公域、泛娱乐媒体	短视频、直播	话题挑战赛加短视频种草、植入广告、直播带货
快手	下沉优势明显，社交圈层黏性大	偏私域、泛娱乐媒体	短视频、直播	植入情景剧、综艺，KOL 测评
小红书	高净值女性圈层聚集	公域、泛娱乐媒体	图文、短视频	好物合集、探店、清单
B 站	二次元文化发展地，向综合性内容发展	公域、垂直圈层媒体	中长视频	开箱、红黑榜、vlog
知乎	高知圈层聚集，内容专业、理性	偏公域、问答内容社区	图文	品牌预埋问题，达人分析解答
微信	熟人网络，粉丝定位精准，内容多样	私域属性、资讯平台	图文、视频号	以科普、讲故事、评测为主

KOL 种草，做好口碑营销

凯度数据显示，94% 的用户认为好内容会影响他们的购物决策。

新消费品牌早已深谙此玩法：利用短视频、直播、图文等丰富有趣的形式，借助 KOL 将品牌和产品的信息融入其中，从而促进产品的转化。

为什么新消费品牌会选择与 KOL 合作呢？

我认为新消费品牌与 KOL 合作有快速引爆、提高认知、心智占领、获得信赖、收获销量这五大价值环环相扣，最终实现成交（见图 4-14）。

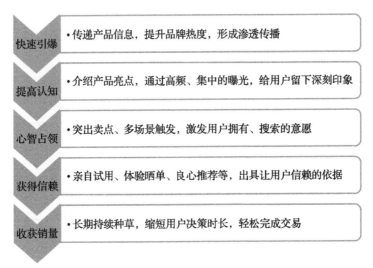

图 4-14　品牌与 KOL 合作的五大价值

以我服务过的众多品牌来看，主要玩法有以下几种。

玩法 1：植入营销

相信很多人都有类似的经历：当我们沉浸在图文或短视频里时，猝不及防出现了一个广告，但是我们对这个广告并不反感，甚至对它还多了一丝宽容，更神奇的是，还有人看到广告直接下了单……

当然，一方面是因为广告的内容本身比较有趣，提升了用户对广告的容忍度；另一方面则是因为 KOL 具备个人影响力，让用户对广告中的产品产生了更多的信任。

所以，寻找高契合度的 KOL，在有趣的内容中穿插广告，已成为品牌的常规操作。

例如，小懒气泡水与抖音平台上的 KOL 合作，以弱植入的方式成功宣传了产品。此 KOL 的作品多以青春校园故事为题材，已经打造出多个千万级播放量的作品，粉丝主要为身居一二线城市的年轻女性，这和小懒的目标群体高度一致。

这次合作的视频内容是选取暗恋为情绪主线，讲述了男女主角双向奔赴的爱情故事。小懒气泡水作为联结两人情感的道具，贯穿故事始末，有三次重点曝光。为了不影响观众的情绪，视频中并没有太明显的广告痕迹，女主角只提了一次产品的名称，亮点是以文字的形式在特写中呈现。这支有温度的植入式作品，获得了超过 50 万的点赞量，播放量更是近千万次。在这个过程中，小懒气泡水缓解焦虑、让人轻松的情感价值，也被植入观众的心里。

玩法 2：话题营销

大家对话题营销并不陌生，微博、抖音、知乎等平台都可以发起话题营销。比如，小懒这款气泡水除了找 KOL 进行了植入式营销，还在抖音上发起"停止 emo 及时小懒"的话题，并且与多位搞笑风格的 KOL 进行合作，引发了大家的共鸣。

话题营销一般采用多位明星、KOL 集中发力，进而引发大众的关注和讨论。这种营销方式可以快速引爆话题，增强品牌认知，利用价值认同、情绪共鸣，将品牌的理念植入用户心中。

比如，芳疗护肤品牌雏菊的天空就在官方微博发布"不迎合 做自己"的话题，并以"你活在别人的期待里吗"发起提问，激发大众的讨论热情。在相关艺人、知名博主的合力运作下，话题产生了高达两亿次的阅读量。通过 KOL 的内容提炼和强调式推广，人们对品牌"不迎合"的态度和理念产生了强烈的共鸣。

玩法 3：种草营销

除了植入营销和话题营销，目前最流行的一种营销方式就是种草营销。

"种草"是一个网络流行语，可以理解为推荐。因为种草营销多用好物测评、开箱验货等形式，再加上 KOL 本身号召力强大，大大提高了用户对产品的认可度和购买意愿，转化率很高。

目前，种草是影响用户了解品牌、做出购买决策最关键的一种方法。用户在产生购买需求后，会在各平台获取信息并进行求证，品牌就利用这点，用种草的方式，在用户决策路径的关键节点布局，以促进购买。

种草营销多以分享、推荐、评测等为关键词，从 KOL 自身使用角度出发，融入生活场景，让用户感觉更真实可信。

部分家居类 KOL 以自己的家为场景，将推荐的家电产品融入其中。他不会用枯燥的术语解读产品，而是用引发共鸣的文字激发人们对美好生活的向往。同时，他用九张生活场景图来展示产品，让消费者直观地感受到产品带来的舒适和便利，从而自发地产生想拥有这款产品的需求。

还有某美妆类 KOL 凭借为大家分享好物和化妆技巧收获粉丝超过千万名。在一期国货彩妆主题的视频中，她特意挑选了花西子的三款产品，边讲解边使用产品上妆，中间穿插对品牌的介绍。通过精湛的手法，一个漂亮精致的妆容呈现在用户眼前，评论里很多人直呼好看，并表示想要购买同款产品。

其实，仔细分析那些转化率高的视频，就会发现KOL种草也是有一套方法论的，具体可以分为场景触发、情绪唤起、价值传递和指令下达四个环节（见图4-15）。

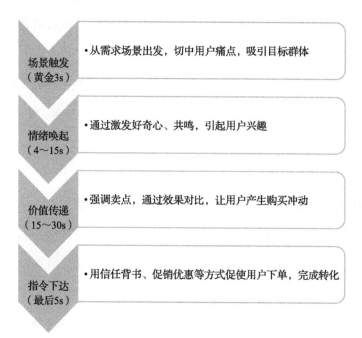

图4-15　KOL种草的方法论

有些KOL经常在视频开头设置一个场景，比如今天要去野餐烧烤，或者去参加典礼，从这些真实场景出发，吸引目标群体继续看下去。接着再边试用边讲解，一方面激发用户的好奇和共鸣，另一方面通过产品介绍和效果对比，让用户产生购买冲动，最后用优惠活动引导用户下单购买，从而实现产品的转化。

就这样，通过KOL口碑营销、广告植入、分享种草的方式，新消费品牌打开了市场。

与 KOL 合作，做好策略组合

KOL 凭借独特的内容和个人魅力，吸引人们关注，获取他们的认同、信任，同时又能赋予产品真实生动、有温度的价值，有效增强品牌可信度。这些都是新消费品牌所看重的。

目前，新消费品牌与 KOL 的合作方式主要有两种：一种是内部人员主动寻找各平台的 KOL 合作；另一种则是借助第三方平台，进行数据化、科学化的 KOL 投放。

新消费品牌在投放 KOL 上有什么策略呢？

策略 1：头部 KOL 弱植入，中长尾部 KOL 强种草

短视频平台上的头部 KOL，虽然粉丝数量已达千万级，影响力和传播力十分强大，但是粉丝垂直度和专业性稍微有些弱。所以，新消费品牌投放头部 KOL 主要是为了提升知名度和影响力，并不是为了提高转化率。因此，这类投放，基本都采取弱植入形式，品牌并不会有过多的内容要求，只需将广告适当植入就可以。

对于中长尾部 KOL，因为粉丝垂直度高、自身专业度较高、精准性强，这种账号多以分析推广的方式，直接向用户种草产品。内容也可以完全围绕产品展开，充分介绍产品的优势和卖点，转化率很高。

策略 2：做好策略组合，阶梯式投放

品牌在选择 KOL 时，并不是单纯找一个或同一级别的 KOL，也不是只投放一个平台，而是根据品牌发展阶段、推广目的，做好策略组合。

比如，王饱饱在早期开拓市场时面临一个很大的问题：虽然它属于麦

片品类,但是它与传统的麦片又有很大的不同,对用户来说,王饱饱就是一个新产品。如果在淘宝、天猫直接投放,未必会有好的效果。所以,王饱饱就在不同平台,选择头部、腰部、尾部 KOL 有针对性地组合投放,最终与竞争对手拉开了距离。

2019~2020 年,王饱饱先后与 600 多位 KOL 合作,辐射的粉丝数达 1.2 亿名,天猫平台的月销售额达到千万元。

另外,品牌从预埋种草、焦点引爆到口碑裂变、电商转化,整个周期的不同阶段,也有不同的 KOL 投放策略,具体可参考表 4-3。

表 4-3 不同阶段 KOL 投放策略

阶段	KOL	投放策略
预埋种草	腰部 40%、尾部 60%	开箱视频、产品对比、使用效果评测等内容
焦点引爆	头部 30%、腰部 40%、尾部 30%	明星代言、KOL 带货,投放开屏广告
口碑裂变	头部 20%、腰部 50%、尾部 30%	KOL 带货、产品测评、提供试用等
电商转化	头部 20%、腰部 30%、尾部 50%	KOL 带货、电商渠道宣传

需要注意的是,如果品牌资金充足,从第二个阶段起就可以和流量比较大的明星合作,这可能会有突破性效果。如果实力不允许,可以暂不考虑。

品牌在较为成熟后,仍旧需要按照日常稳投、节点大投的策略进行投放,具体可参考表 4-4。

表 4-4 日常稳投、节点大投的策略

投放类型	日常稳投	节点大投
KOL 策略	腰部、尾部	头部、腰部、尾部全矩阵
KOL 比例	腰部 70%、底部 30%	10% 头部、60% 腰部、30% 尾部
内容策略	单品推广为主	官方话题带动讨论、派发福利
投放目的	维护品牌产品的声量	全面引爆节点营销、促进高转化

以上策略只是参考，品牌可根据自身的实际情况重新设定。

策略 3：重视 KOC 力量，与消费者共创

除了利用 KOL 的力量扩大产品的声量，品牌还可以邀请 KOC（关键意见消费者）进一步传播。KOC 离消费者更近，传播的内容更真实，自然更容易被消费者信任。

三顿半推出了一项名为"返航计划"的活动，每年开展 2 次，用户积攒了一定量的空杯后，可以在小程序上预约，在特定日期去指定的"返航点"兑换小礼品。比如，10 个空杯可以兑换贴纸、徽章等，15 个空杯可以兑换一个手机壳，如果空杯更多，可以兑换更贵重的东西，这些礼品非常好看，充满设计感。

三顿半在早期就培育了一批 KOC，并邀请他们参与产品研发、活动策划，输出高质量的内容。在小红书上，我们可以看到 KOC 撰写的"返航计划"礼品相关笔记，这些笔记引来了众多评论。

前面介绍了与 KOL 合作的策略，那么怎样筛选 KOL 呢？标准又是什么呢？

品牌在选择 KOL 时，不能只看粉丝量，而是要在相关度、影响力、商业能力等方面做好多维度评估，才能做到有效投放。

以下是一些品牌要了解的 KOL 基础性信息。

（1）用户画像是否吻合？

KOL 账号的日常内容标签是什么？粉丝画像如何，哪个年龄段的粉丝居多？账号的性别比例、地域类型是否有优势？

（2）KOL 账号影响力如何？

KOL 账号有多少粉丝量？互动率高不高？KOL 发布作品的频率高还是低？品牌可以根据自己的需求确定是否开展合作。

（3）账号是否健康？

品牌还要了解 KOL 账号的粉丝是不是真实用户。大众的认可度、信任度高不高？数据是不是稳定？品牌注意一定要避开不健康的账号。

以上只是 KOL 初筛的基本条件，如果品牌觉得基本符合要求，还要看具体数据，这些数据可以让 KOL 提供，主要包含以下几个方面（见表 4-5）。

表 4-5 筛选 KOL 各项数据

粉丝力	粉丝量、粉丝增量、粉丝播放量
创作力	原创文章或视频数量、播放及阅读完成率
传播力	阅读数或播放量、平均阅读数或播放量
互动力	点赞率、评论率、转发率
账号健康	互动对比度，阅读或播放稳定性，评论、分享、点赞稳定性，信誉评级
影响潜力	粉丝增长速度、文章火爆率

在投放时，品牌要综合多个因素决策，有些 KOL 虽然粉丝量和互动量都比较少，但是内容非常垂直、黏性很高，未必转化率低。另外，一定要关注 KOL 最近的播放量或阅读数。品牌也会在知乎上寻找一些高赞回答植入广告。但是点赞多，未必代表最近的阅读数就高，甚至可能最近就没有人阅读。

三大玩法，品牌营销"破圈"

新消费品牌经历了 0～1 阶段的精准推荐、口碑曝光，形成了一定的生意规模，但是马上可能会进入一个新的瓶颈期。由于现阶段触达的都是相同的人群，品牌增长乏力。这时就要利用品牌营销，提高品牌知名度，实现破圈触达，突破流量天花板。

分众传媒的创始人江南春分享过一件很有意思的事。比亚迪通过流量广告精准推送赢得了一个客户，客户爽快地付了定金，但是过了几天又来退钱。

为什么会这样呢？客户解释，虽然他知道比亚迪的大部分数据都比特斯拉好，但是他的妻子却认为还不如买特斯拉。

这件事情反映了什么问题？

比亚迪用精准的流量广告触达这个客户，但是没触达同样有决策权的客户妻子。虽然流量广告的投放比较精准，但是广告营销绝不能仅限于影响有需求的消费者，还应该将对购买产品有决策权的相关人士全部说服。品牌没有有效、大规模地触达消费者，就不能突破他们的理念屏障，难以形成共识。

江南春对此做了一个通俗的解释："精准广告有点像私订终身，很有效率，但除了当事人没人知道；品牌广告有点像广场求婚，大家都可以见证，最后形成了社会共识。"

那么，品牌营销有哪些打法呢？

打法1：跨界联名

提起跨界联名大家应该都不陌生，如花西子和故宫推出联名款雕花口红、喜小茶联名悲伤蛙推出哭泣小奶绿、永璞咖啡和盒马合作推出小房子咖啡，等等。

跨界俨然成为新消费品牌出圈的必备项，成功的跨界联名可以拓展新的消费群体，降低获客成本，迅速引爆市场话题，最终实现"1+1>2"的营销效果。

常见的联名有 IP 联名、明星联名、形象联名，等等。比如，完美日记携手设计师，推出巴黎时装周联名礼盒；和 KOL 联名推出定制款产品；和奥利奥合作推出牛奶肌气垫。伴随着不同阶段的不同联名活动，完美日记实现了跨越式增长。

品牌之间的联名并不是打造一款联名产品，晒出一组联名海报，制造一次微博热搜那样简单，而是要找到一个与你有共性的异类品牌，给用户制造惊喜感。如果将乌龙茶和柠檬联名，可能就是柠檬乌龙茶；要是将乌龙茶和矿泉水联名，那可能就是味道更淡的乌龙茶。所以，没有必要联名，就不用联名，联名的目的是更好地宣传产品，而不是一味追求创意，最后品牌反而偏离了自己的定位。

打法 2：明星代言

新消费品牌发展到一定程度之后，就会邀请明星代言，一众明星为品牌带来了巨大的流量，帮品牌实现了调性升级，大大提升了销量和知名度。

元气森林眼光超前，选择谷爱凌作为代言人。2022 年冬奥会，谷爱凌夺冠，元气森林用"元气新青年，为中国打气"宣传，并在微博发布相关活动，可谓赚足了眼球。

在粉丝经济下，明星代言人的作用依旧不可小觑。但是，选取代言人一定要注意两点：一是选取的代言人一定要与品牌调性、价值观一致；二是尽量选口碑比较好的明星，做好背调。

明星因为个人品行及违法行为造成不良影响，给代言品牌带来了巨大的负面影响和经济损失。虽然品牌第一时间解决会赚取一定的好感度，但是一旦临时停止合作，品牌需要紧急下架广告和宣传物料。若有明星形象印刷在产品包装上，还要及时停止销售产品，回收更换包装，而且品牌影响力越大，遭受的经济损失就越大。

所以，新消费品牌在考虑明星的粉丝基数和品牌匹配度的同时，还要考虑代言人的形象和发展前景，充分衡量可能存在的风险，做出综合评估。

打法3：线下活动

虽然近年来线上营销活动形式百变、创意十足，但是作为重要的人群集聚场所，商场、门店、地铁仍是开展营销活动的好地方。而且比起线上，线下场景更为丰富，人们更易融入精心打造的氛围之中，同样也会吸引相关人群拍照分享，引发裂变。

2021年，雏菊的天空就将目光锁定长沙地铁2号线，在国庆期间为全城人民打造了一列沉浸式"气味列车"。在整个车厢里，清新的植物手绘图案和低饱和度的颜色，让人感觉舒服又亮眼。细细地闻一下，先会闻到茉莉香，最后还有雪松味，不禁让人轻松愉悦，整个旅程回味无穷。这是雏菊的天空进行的一次线下营销活动，联合线上宣传，给用户留下了深刻的品牌印记。

地铁作为一座城市的大动脉，是客流集散地，是非常理想的营销场所。雏菊的天空利用沉浸式车厢广告，极具美学的画面向消费者传递了产品信息，表达了品牌态度，还引发了他们对美的追求。

另外，作为瞄准年轻父母的儿童奶酪品牌，妙可蓝多选择在电梯媒体投放营销广告。仅仅播放一周,百度、微信的搜索指数就实现翻倍,2019年全年销量增长超过 300%。

好玩、有趣,玩转内容营销

在这个全民媒体化的时代,内容继产品和服务之后,已成为品牌和用户之间的第三种沟通要素。也有很多优秀的新消费品牌,利用优质的内容营销,吸引了众多用户并完成了转化。

我认为这些优质的内容主要有以下四个特点。

特点 1:好玩、有趣

面对年轻的目标群体,能吸引他们的内容,必须是好玩、有趣的。比如,斑马精酿在官方微博上用漫画的形式,将好玩有趣的内容与世界名画或品牌 IP 相结合,形式非常有趣。

特点 2:精神认同、情感共鸣

好的内容营销一定能和用户达成精神认同或情感共鸣,Ubras 发布了"什么是舒适关系"及"新舒适关系"两则营销内容,引发广大女性用户的共鸣,更易带来转化。

特点 3:有特色

人们早已对常规的广告无感,相反,特色营销就像一股清流,给用户带来不一样的感觉。老乡鸡的发布会,蜜雪冰城的广告曲,这些新奇的表达方式符合年轻用户的口味,带动了他们参与互动、转发。

特点 4:互动、共创

在社交媒体时代,品牌想要提高知名度,就要调动用户的热情,吸引他们与品牌共创，从而带来更大范围的传播。蜜雪冰城广告曲的爆红，重在 KOL、KOC 的二次创作，进而引发传唱。

现在，我们了解了内容营销的特点，那么常用的内容营销方式有哪些呢？

第一，热点营销。

热点不仅是营销创意的重要来源，也是促进内容传播的有效媒介。

目前，内容才是决定流量多少的关键。为了引起更多用户的关注，品牌可以结合一些热点事件做营销。2021 年，鸿星尔克在河南暴雨后捐款，引来了大量网友的支持和关注。同年元宇宙大热，奈雪在 12 月推出品牌虚拟形象 NAYUKI，并且做成盲盒产品，在实体店铺发售。这次营销活动直接把奈雪送上了热搜，人们不禁感叹奶茶品牌都要进军元宇宙了。这个新的品牌虚拟形象也不负众望，三天就让奈雪销售额增加近两亿元。

第二，节日营销。

一般各大品牌针对节假日都会有相应的营销活动，如在情人节、母亲节、春节、劳动节、国庆等节假日，品牌们都会大力营销。

在一年一度的"双十一"购物节中，新消费品牌更是大显身手。2021 年，很多品牌邀请知名导演拍摄颇具特色的广告片。三顿半也拍摄了一个创意十足的促销广告。

三顿半的广告开头是导演的一段告白："前一段时间我与咖啡品牌三顿半有过一个合作，在拍摄的时候和三顿半有过一些不愉快，我个人感情很受伤。"这一告白瞬间引发了人们的好奇心，结果大家顺着往下看，才发现是因为三顿半品牌方一次次加赠产品，导致广告片屡次重拍。这则广告的内容设置非常巧妙，让人看完之后不禁叫绝，在社交平台上引起了广泛的讨论。而且在这则广告中，产品看似不是重点，但是又巧妙地宣传了产品。不难想象，这种优质的内容和新颖的方式，将成为未来广告拍摄的新方向。

第三，事件营销。

热点营销是借助现有热点事件开展的，而事件营销则是品牌自己制造事件，吸引别人关注。很多品牌在重要节点会通过事件营销来增强市场影响力。

江小白在成立 10 周年之际，在微博上连发 100 条声明，对消费者以前产生的误解和提出的批评做出回应，文案趣味性十足，每一条声明都用独特的颜色和字体，连续发布了好几天。这些声明让很多人产生共鸣，纷纷模仿"声明体"发帖。这次营销大事件，直接让江小白上了微博热搜，并累积了数亿的阅读量。江小白选用这种方式回应大众的质疑，表明了自身坚持做好产品的态度和信心，为未来的发展奠定了基础。

全方位扩大声量，在渠道中提升销量

通过全方位触达用户获得声量，进而形成转化、提升销量，是大多数新消费品牌的常规打法。

相比淘宝、京东这些用户带着明确目的去购物的搜索式电商平台，抖音、快手、小红书等兴趣电商对用户来说更易产生冲动消费，而且也更便捷，用户通过观看短视频或直播，不经意间被娱乐化的内容吸引，从而点击内置的商品链接，就能一站式成交。

目前，抖音、快手短视频中的产品，除了可以在抖店、快手小店等本平台店铺购买，还可以跳转淘宝、京东等平台下单。但目前抖音直播带货，用户只能通过抖店销售；快手则可以链接淘宝、天猫、京东、拼多多等多个平台。而微信早就有商城和小程序，点击链接即可实现转化。与此同时，B站、知乎也在抓紧布局电商，小红书进一步开放，增加了淘宝的购物跳转链接。

每个平台都在根据局势寻求发展，谁都不想在电商战场上落后一步，也不想少分一杯羹。另外，为了进一步扩大市场，各大品牌也在积极布局线下，以突破流量限制，带来更多转化。

如果将品牌的内容建设看作存钱的过程，那后续的转化购买就是取钱的过程。只有钱存得越多，才能取出越多的钱。如果品牌不想存钱、只想收割，那结果可想而知。

目前，线上电商各大品牌对渠道转化已十分熟悉，在这里我重点讲讲直播和线下渠道。

直播带货，不只为了销量

如果你问我，直播带货对新消费品牌有多重要？我可以很坦白地讲，近七成的新消费品牌都成名于直播间。在直播间里不仅可以卖货，而且能宣传品牌，这已成为人尽皆知的事情。

国货美妆品牌花西子的走红，更是离不开头部带货主播的助力。早在2017年9月，花西子的创始人吴成龙就以60%～80%的高返利率，在3

个月内与 300 名中小主播合作，在直播间大力推广产品，但是效果并不理想。

2019 年 3 月，某头部带货主播开始主推花西子的空气散粉，花西子迎来了第一次流量爆发。同年 4 月，头部带货主播利用制造悬念、发放优惠券的方式，让新品在仅上线 1 个月就成为天猫爆款。后来，这名头部带货主播又成为花西子首席推荐官，产品在正式投产前，花西子会询问他的想法，这也是双方合作的重要模式。

就这样，这位头部带货主播全力为花西子推广引流，使花西子在 2019 年风光无限，"双十一"期间花西子直接跃居国货美妆品类第二名，11 月 11 日当天 GMV 达到 2.2 亿元。天猫数据显示，花西子天猫旗舰店近 80% 的流量都是由他的直播间贡献的，完成的交易额占交易总额的 64%。所以，花西子在前期能快速起飞，头部带货主播功不可没。

目前的直播带货模式主要有两种：一种是以头部主播带货为核心的达人模式，他们的团队会和各大品牌洽谈合作，收取一定的费用，并在直播中进行推广。这些主播影响力颇大，具备很大的价格优势，每次直播都能引发抢购热潮。因此很多像花西子一样的新消费品牌，把头部主播带货作为品牌宣传的重要渠道。

另一种则是以品牌为核心的自播模式。不管是中小商家，还是各大品牌，都可以开设自己的直播渠道。它们寻找合适的主播，直接通过官方账号进行直播，推销品牌自己的产品，并以很大的优惠力度吸引消费者购买。

利用达人带货，尤其是借助有影响力的头部主播，虽然在前期有一定的收获，品牌可以快速起飞，但是存在一系列问题，比如佣金昂贵、产品价格被严重压低，这毕竟不是长久之计，只能作为销售产品或品牌宣传的渠道之一。而品牌要想通过直播持久、有效地销售产品，还是要建立自播体系。

因此，在不同阶段或出于不同目的，品牌会根据实际情况，调整达人直播和品牌自播的比例。比如，在 0～1 阶段，品牌考虑的是能否快速起盘、实现规模销售，这时会大量采用达人直播，以扩大品牌声量；到了 1～N 阶段，考虑的则是成本、性价比以及流量归属等因素，这时会逐渐加大自播的比重，只在有需求时找达人合作。

九阳电器的直播策略是将品牌自播用于满足日常需求，达人直播用于新品推荐以及官方活动，毕竟达人的粉丝众多，在内容投放、品牌背书等方面优势明显，可以深化品牌认知，促进产品的整体销售。

品牌自播，开启流量蓝海

2021 年 9 月，某主播在直播间 1 元卖书，在出版界引起轩然大波，有出版人士直接表露心声：心在滴血。

2021 年 11 月，欧莱雅在自播时发放多个优惠券，某组面膜产品成交价仅为两百余元，远低于合作的两大头部主播的直播间售价，导致两位主播发表暂停合作声明，最后以欧莱雅道歉收场。

强话语权、高坑位费、低复购率等种种弊端，让品牌们纷纷开始反思，直播并不只是利用头部主播吸金的手段，更应该是品牌改善供应链、对话消费者、降本增效的重要途径。

早在2020年花西子就开启了自播之路，只在发布新品和重要周期节点，才会和头部带货主播合作。而且，花西子通过自播也取得了不错的成绩，比如2021年"双十一"期间，花西子陆续邀请多位明星，以及核雕大师做客直播间，品牌自播销售额高达1.2亿元。而薇诺娜、珀莱雅、自然堂等多个品牌，也利用自播实现销售额过亿元。

对于品牌该如何做自播，下面我以自嗨锅为例进行讲解。

自嗨锅在抖音自播的表现很是不俗，开始自播之后，只用3个月的时间，交易总额就突破了1600万元，平均每场直播销售额达20.7万元，多次冲到食品类目带货榜第一名。要知道，很多品牌即使自播了好几个月，单场直播销售额也很少能破十万元。

1. 产品要有潜力成为爆款

首先品牌要明白的一点是，直播间人气高、带货能力强，主要还是靠产品本身。如果直播间卖的是爆品，系统自然会分配流量。判断的依据，一是产品是否能够精准吸引目标群体；二是根据之前的成单情况来判定，如果存在欺骗粉丝的行为，平台收到反馈后会限制直播间的自然流量和付费流量。

可以看出，自嗨锅产品本身就具备爆款的特性。

（1）自嗨锅产品在淘宝和天猫有比较出色的销量，用户对产品有一定的认知；再者，品牌通过在短视频平台的营销行为，加深了用户对产品的印象。

（2）自嗨锅通过产品组合策略，直播间爆品的客单价基本维持在100元，算下来单盒产品的价格在10元左右，物美价廉，十分利于产品转化。

（3）自嗨锅能为年轻人提供一份不错的正餐，同时满足一人食的场景需求，很受年轻人的欢迎。

以上三点都是自嗨锅能够在直播间畅销的基础。在直播间里，如果产品足够好，系统一定会大力分配流量。如果一个直播间数据不够理想，品牌第一个应该自查的就是产品。

2. 用心打造直播间

消费者在主页刷到推荐的直播时，决定是否进入直播间与场景的布置有很大关系。直播间搭建的重要原则就是能吸引消费者，对他们产生视觉冲击，并引发他们进入、停留并发生购买行为。

自嗨锅的直播间背景用的是 4K LED 大屏，整体造价不菲，在整个直播过程中，屏面看起来清晰有质感，而且直播间的收声和氛围都很不错，有效提升了用户的停留时长。不用多说，如果一个直播间给用户的体验感非常棒，用户自然乐意在里面停留，直播间的流量就会好。

3. 直播团队配置、运营

有了好的产品和专业的直播间，接下来就要考虑运营问题了。为了能更好地承接流量，自嗨锅配备了专业的直播团队，人员配置及分工如表 4-6 所示。

表 4-6 直播团队人员配置及分工

人员配置	分工
主播	有专业主播和临时主播两种，重要时间段由专业主播来带货，非重要时间段由临时主播带货。主播也参与短视频拍摄
助播	协助主播工作，如上下架产品、调整背景画面、调节直播间气氛等

（续）

人员配置	分工
编导	负责短视频策划、脚本编写等
拍摄、剪辑	负责拍摄和剪辑短视频，配合直播工作
项目运营	策划、设计直播内容、节奏，具体到每个动作

一个直播间的用户停留时长如果超过了1分30秒，这个直播间就会被平台推荐更多的流量，而自嗨锅直播间的停留时长为1分43秒，这离不开团队人员的共同协作。为了提高停留时长、互动和转化率，直播团队做了以下工作。

（1）主播话术到位。

一个直播间的点击率和主播的话术有很大关系，很多用户都是被主播吸引进直播间的，而自嗨锅的主播话术到位，能有效介绍产品，用户自然停留时间长。

（2）注重互动。

如果一个直播间的互动人数超过直播间总人数的5%，在热度排名上自然就会有优势。自嗨锅直播间的点赞、评论、转发数量较多，这主要得益于主播和助播的引导。

（3）为用户送福利。

自嗨锅的转化率也比较高，这少不了品牌为用户送福利，各种优惠、抽奖、秒杀活动，让用户有一种买到就是赚的感觉。

（4）文案引导。

自嗨锅非常擅长用文案引导，每个产品链接的副标题很是直接，用户一看就知道有优惠，能有效刺激转化成交。

自嗨锅用高投入的直播间和精准的运营策略，大大提升了直播间的转化率。用户的停留时长、直播间的点击率和互动率等指标优秀，有利于帮助直播间提升排名，从而获取更多的免费流量。如果没有这样的运营能力，品牌即使购买了付费流量，也无法做到有效承接。

4. 引爆流量

有的品牌认为自己的产品不错，直播间和团队也够专业，可是流量从哪里来呢？如果没有流量，一切不就是空谈吗？

这里不得不提的是自嗨锅非常擅长流量运营，不仅用搜索流量和私域流量为直播间引流，而且用短视频流量撬动了更多的自然流量，大大降低了获客成本。除此之外，自嗨锅也很重视流量投放和产品的配合，当直播间的流量提升时，主播就迅速切换为推荐爆款产品。因为爆款产品的转化率较高，随着观看人数的增加，直播间的销售额就会迅速提高，排名也会靠前，进而带来更多的免费流量。

具体来说，自嗨锅是这样玩转流量的。

（1）短视频引流。

自嗨锅直播间的流量中约有35%是自然流量和付费流量，大部分则来自短视频。

可以想象，用户在刷到感兴趣的短视频时，看到账号正在直播，就有很大的概率进入直播间。而且如果用户通过这条短视频进入直播间，产生了停留、互动或转化行为，这个直播间就会被系统判定为优质直播间，进而给短视频分配更多流量，而短视频的流量，又会反哺直播间。因此，通过短视频引导，可以有效撬动直播间流量和搜索流量。

要想利用短视频达到这种效果，就要保证短视频的内容足够优质。也就是说，品牌在做短视频时，必须从用户角度出发，用合适的场景突出产品的亮点，从而带来转化。要注意，发布的短视频一定要清晰、完整，甚至品牌可以购买一定的付费流量为直播间引流。品牌发布的短视频内容，可以是直播亮点集合、短剧、创意视频，也可以是与热点结合的短视频。

（2）搜索流量。

很多品牌在视频平台上将关注点放在了推荐流量上，而不太重视搜索流量。其实主动搜索的用户，一般都是有需求的精准用户，反而更容易成交。

当我们在平台上搜索某个关键词时，系统会自动推荐关联词。自嗨锅作为自热火锅中的头部品牌拥有一定的用户。在抖音上搜索自嗨锅时，就会自动出现自嗨锅测评、自嗨锅煲仔饭、自嗨锅自热米饭等词。自嗨锅充分利用这些关键词，将其植入短视频和直播中，这样，用户在搜索时，就能直接被吸引到直播间和投放的短视频中，有效促进了产品的转化。

另外，自热火锅也是同品类产品的关键词，自嗨锅旗舰店里有一条广告：不是所有的自热火锅都叫自嗨锅！利用自热火锅这个词，品牌也可以拦截很多流量。

（3）私域流量。

除了以上两种流量玩法，自嗨锅也很重视私域流量的运营。

首先，在直播的过程中主播会引导粉丝关注账号、进粉丝群，为粉丝送福利，有效提升粉丝的好感度和黏性。在粉丝遇到问题时，运营人员也会积极处理，及时为他们解决问题，以提升粉丝的满意度和店铺好评率。这些已经沉淀下来的粉丝会在自嗨锅开播后收到开播提醒。自嗨锅利用这种方式，将粉丝带到直播间，从而提高转化率。

那么，品牌的直播间到底要不要购买付费流量呢？

其实，从经验来看，想要在直播间里月销百万元，完全可以靠自然流量；月销近千万元，可以利用短视频和自然流量；月销千万元以上，则是靠付费流量、短视频、自然流量。可以说，要想达到千万元以上的销售额，确实要用付费流量，但是3000万元可能是一个临界点，如果销售额超过3000万元，未必就是赚钱的了。这就是为什么有些直播间，努力销售产品，最后没赚多少，甚至赔钱。当然，这不是绝对的，每个品牌都可以根据自己的实际情况调整。

最后，我总结一下关于品牌自播的几个要点。

- 坚持品牌自播，让直播间成为企业经营的基础盘。
- 多利用平台内容引爆话题，配合电商活动进行大促销。
- 重视直播间话术，而不是过分依赖主播。
- 注重产品组合，而不是单纯卖货。
- 爆款循环憋单是很多直播间惯用的方式。
- 用好内容、好产品和好服务撬动平台流量。

布局线下渠道，寻求新增长

线上电商流量毕竟有限，除了直播电商，线下渠道也是新消费品牌布局的战场之一。元气森林、蕉内、三顿半纷纷进驻线下，寻找实体渠道的价值。

关于为什么要做线下？不同品牌有各自不同的理由。除了流量紧缺，利润恐怕也是考虑的因素之一。

元气森林本来是以天猫、京东为主要的销售渠道，2018年，元气森林线上销售额占比高达30%；2020年，元气森林在天猫上的销售额更是翻了4倍多。

可能有人以为元气森林以电商为直营渠道，与线下层层中间商赚差价相比，毛利水平应该很高吧。可实际上，虽然元气森林亲自负责电商运营，但产品依旧是走经销商渠道。另外，产品在线上的价格本身就低于线下，况且还有各种营销费用，这样看来，线上的毛利水平可能比线下的还要低。因此，除了电商渠道之外，便利店也是元气森林布局的渠道之一。

便利店面对的主要是20～29岁的年轻人，这和元气森林的目标群体高度契合。但是由于便利店入驻的门槛较高，因此，在2020年之前，元气森林在便利店的铺货都是交给经销商完成的。

经销商和线下渠道有多年的合作关系，不仅进场费较低，而且渠道经验也比较丰富，在一定程度上能缓解品牌的压力。和经销商合作大大提高了元气森林进军线下的效率，但是缺点也很明显。

由于中间存在经销商，不仅渠道费用不透明，而且元气森林还要承担各种风险。此外，这种模式不够扁平，经销商不及时提供相关数据，元气森林就不能根据一线情报迅速做出反应。

为了解决这个问题，从2020年起，元气森林将大型便利店管理渠道改为直营。

元气森林还利用智能冰柜及时发现产品的陈列是否合格、主推产品的占比是否合适，并且掌握产品动销的实时数据，大大提高了供应链和渠道管理效率，而且产品销量也有了很明显的提升。

当然，除了布局便利店和智能冰柜，很多品牌也入驻了盒马、永辉、大润发等超市。不过，能和便利店、大型超市建立合作，品牌需要一定的资金量和知名度，品牌越大，便利店和大型超市越愿意合作，甚至还能减免费用。对于小品牌来说，不仅入驻线下渠道难，就连跟经销商合作，也需要有一定的实力。再者好不容易入驻了，如果产品摆放的位置不够显眼，销量也不一定好。

既然小品牌入驻线下渠道这么难，那么还有其他方法吗？这里就不得不提到虎邦辣酱不走寻常路，利用外卖场景突破的案例了。

虎邦辣酱是从一个传统辣酱生产工厂诞生出来的新产品线。当它想进军线下时，却发现市场非常难突破。老干妈作为全民皆知的大品牌，已经占据了我国辣酱市场约五分之一的市场份额。其他辣酱品牌面临的情形是比老干妈贵的没人买，比老干妈便宜的不赚钱。那怎么办呢？

虎邦辣酱的创始人陆文金经过调研，决定以外卖场景作为突破点。他发现在外卖场景中，既没有老干妈垄断，也没有同类产品切入，而且外卖产品也需要有口味上的刺激。因此，陆文金就把虎邦辣酱做成小包装，并配合外卖产品在口味上做了改进。

就这样，虎邦辣酱在面对强大的市场竞争时，顺利在外卖市场中找到了立足点。截至2022年年初，虎邦辣酱的外卖渠道销售额已达4亿元。如今，虎邦辣酱成了外卖商家的首选合作商，如果你点了曼玲粥铺的外卖，毫无疑问，套餐会附一份虎邦辣酱。而且因为辣酱的味道得到了大家的认可，很多人特意还去线上购买。

注重体验，打造门店、快闪店

除了进驻便利店和大型超市，像三顿半、完美日记等已有一定发展基础的新消费品牌，为了突破流量限制，增强用户的体验感，纷纷试水实体门店。

线下门店不仅是重要的产品销售渠道，而且还能给用户良好的体验感，具备了品牌曝光的功能。这些门店不管是科技风格、工业风格，还是文艺风格、萌趣主题，都能给用户留下深刻的印象，在社交网络上引发传播和讨论。比如服饰品牌 bosie 在打造线下门店时，特意设置了咖啡厅、大头贴拍照区、萌宠区等打卡点。

线下门店通过互动延长消费者的停留时间，增强消费者的消费意愿，让消费者印象深刻，而且很多新消费品牌，为了获得更精准的数据和提高运营效率，都采用数字化运营模式。

除了这些从线上电商向线下渠道扩张的品牌，还有像潮玩品牌 TOP TOY 这种直接从线下入局的新消费品牌。线下渠道起家的品牌与线上起家的品牌相比，没有太强的规模化效应、网络效应和扩张效应，不能用营销手段迅速带来转化。

那么，它们为什么要先做线下渠道呢？这与品牌的团队基因有很大的关系。

从人、货、场三方面分析，TOP TOY 创始人孙元文发现，在"人"上，品牌无法决定消费者一定买它们的产品；在"货"上，因为潮玩产品的核心是 IP，品牌也不一定能拿到热门 IP 的授权。但是 TOP TOY 在"场"上有先发优势。

我国商场有很多，品牌有能力进入商场，占据核心位置，开设面积比较大的体验店，就可以率先抢占消费者的心智。

TOP TOY 在全国开了 200 家门店后，和热门 IP 的合作也变得简单。而且越来越多的商场发现，高级的商场大多有 TOP TOY 门店，品牌口碑应该不错，所以也争相合作。就这样，TOP TOY 通过差异化的产品、超强的场景体验，以及线上直播和社群的运营，取得了良好的发展。

资金比较充足的品牌可以直接建立线下门店，但是有些品牌由于资金有限，也不确定自己是否适合在线下发展，这时可以尝试用快闪店进行测试，积累线下零售经验。

2016 年成立的彩妆品牌橘朵，用短短 3 年时间，GMV 已经达到 10 亿元。2019 年起，橘朵开始用快闪店的形式进行线下零售。

橘朵第一次开快闪店是受上海时装周邀请，在新天地仅用了 5 平方米的场地就打造了一个颇有创意的眼影墙，消费者可以随便触摸，还能拍照分享，因此成了网红打卡点，吸引了很多感兴趣的消费者。

后来橘朵又在杭州 in77 拿下了一块场地，团队以飞机场为主题，加入了登机牌、行李箱、传送带等各种元素。一个月后，橘朵又在 in77 B 区尝试开设了一家门店，用仅仅 10 个月的时间，就取得了 300 万元的销售成绩。

通过在不同城市开展快闪活动，橘朵找到了适合自己的线下零售模式：在 50～80 平方米的店面里，针对地段和人流，做出不同的主题设计，凭借独特的风格，吸引消费者来探店和消费。参照这样的模式，橘朵开了 7 家直营店，每个月的销售业绩维持在 30 万～ 50 万元。截至 2022 年 6 月，橘朵的直营店已经开了 15 家，并且打算开出更多门店。

橘朵的案例，给了同类新消费品牌一些启示。

品牌在成立初期，不用急于开拓线下门店，等到有了一定的销量和人气之后，布局线下可能会更顺利。

有些品牌可能并不适合做线下，品牌要根据自身的情况，谨慎定夺；如果不能确定，则可以用快闪店的方式测试，快闪店成本低、时间短，能帮品牌迅速找到方向。

在开店之前，品牌可以先对消费者展开调研，参考消费者的意见。有些商场会主动邀请品牌入驻，并给予一定的扶持，如果品牌遇上这种情况，那再好不过了。

线下门店更注重设计和体验，新消费品牌入驻线下时，为了适应当下年轻人的需求，要更加追求创新性和独特性，从而提高产品的转化率。

运营私域流量，持续形成复购

众所周知，品牌长期发展的关键在于用户的复购能力，那么这些新消费品牌是怎样做的呢？

留存用户，打造私域流量池

消费者在各渠道完成下单后，接下来品牌就该考虑用户留存问题了。

我以完美日记为例进行介绍。

1. 电商平台的用户留存

我们在淘宝、天猫、抖音等平台购买产品之后，会在包裹里看到一张"红包卡"，刮开图层就能看到一个特殊口令。为了领取红包，我们会在卡片文字的引导下关注微信公众号，并收到一个二维码。在添加个人号"小完子"后，我们还会收到一个小程序的二维码。扫码并输入口令，就能领取红包。最后，我们会在个人号"小完子"的邀请下加入社群。

整个流程下来，完美日记用一个小小的红包，就引导用户关注了完美日记的微信公众号，并且加入了社群。用如此低廉的成本，就获取了一个精准用户，性价比实在是高。完美日记还可以利用微信随时、直接触达目标用户，大大提高了产品的转化率和复购率。

2. 线下渠道的用户留存

除了关注线上用户的留存，品牌也很重视线下的流量。从2019年起，完美日记就开始布局线下门店，截至2021年年底，门店总数已经接近300家。

同样地，完美日记也利用线下门店，将用户们也沉淀到微信社群。主要操作方式是这样的：线下用户通过扫码添加个人号"小美子"，就能找美容顾问领取一份小礼品，随后被邀请进入社群和关注服务号。

这种从线下引流到线上的力量，同样不可忽视，很多头部玩家都已悄然入局。利用微信，品牌可以在朋友圈、社群里反复唤醒用户，然后用抽奖、促销等手段达成复购。

3. 利用企业微信留存用户

除了以上两种方式，完美日记还在微信公众号上添加了社群入口。微信公众号的底部菜单中有"美粉中心"一项，打开就能看到"撩小完子"。点击之后会跳出一个二维码，并提示用户添加好友，接着会邀请用户入群。如果用户没有进群，还会再次收到进群提醒，并提示进群会有更多福利等。

与个人号相比，企业微信突破了人数的限制，还提供了群发、统计等官方功能，也是将用户资源企业化、避免资源个人化的一种手段。

看到这里，可能就有人会问为什么要花这么大的力气进行用户留存呢？这当然是为了构建企业的私域流量池，目前通用的方法是将从公域获取的流量，沉淀到微信公众号、个人号和社群里。企业做私域流量主要出于以下四个方面的考虑。

第一，解决流量留存问题，深层运营用户。

私域流量虽然解决不了流量的获取问题，但是可以解决流量的留存问题。以前引导而来的流量容易成为"一次性"流量，但是现在可以把这些流量沉淀到企业微信、社群里，甚至是品牌 App 上，建立一个企业专属流量池。

其实，私域流量并不是一个新玩法，在淘宝发展初期，就有店家将淘宝上的用户引流到 QQ 群里，将这些用户留在自己的流量池里，进行更精准、更深层次的运营。

第二，解决品牌信任问题，增强用户黏性。

无论是在电商平台还是商场等公域场景里，用户与品牌的沟通只停留在短暂的购买过程中，尤其是线上电商，有些用户直接看详情页下单，全程与品牌没任何交流。在这种情况下，用户就很难对品牌产生黏性，更不易产生感情。但是建立私域流量池后，品牌可以直接与用户对话，通过各种手段和用户建立关系，让用户从最初的只对产品有需求，到最终对品牌产生信任，进而增强黏性。

第三，提高复购率、增加投资回报。

用户对品牌建立了信任，自然就会产生更多的复购。同时，品牌还可以在私域流量池里销售客单价更高、毛利更高的产品，提升老用户的客单价和成交额。

目前淘宝上有很多鞋服商家，都通过建立私域流量池进一步提升了销售业绩。商家会先在淘宝上购买流量，再用价格较低的引流产品吸引用户下单购买；然后通过添加二维码返现或领券的方法，将这些流量沉淀到微信上；最后通过各种运营手段销售毛利率高的产品。商家在整个过程中降低了获客成本，同时提高了用户的转化率和客单价，增加了投资回报。

第四，缓解流量饥渴，裂变更多用户。

很多新消费品牌是伴随着社交平台崛起的，在平台成立初期，流量成本比较低，享受到了一些红利。但是随着平台日渐成熟，入驻的商家呈爆发式增长，获取流量的成本也逐日攀升。现在电商平台上的流量竞争越发激烈，品牌要想有个好的排名，只能通过投放广告、做促销活动引流，但这样还是不能保证获取的就是精准流量，更不能确保用户就一定会购买。

建立私域流量池之后，如果有产品上新和促销活动，就能利用社群通知、短信等形式直接触达用户。假如品牌和用户建立了良好的关系，用户还可能变成推广员,从而扩大用户规模,解决流量难题。

应用 DTC 模式,直接面对消费者

打造私域流量池的最大意义,其实是构建 DTC 模式。2010 年左右,伴随着 DTC 模式在发达国家兴起,一批新兴品牌诞生了。后来,DTC 模式进入我国,并在我国本土化。

与发达国家直接在官网销售产品不同,我国的 DTC 模式主要是依托于平台,省去了中间环节,品牌直接向用户销售产品,和用户对话(见图 4-16)。

```
传统模式              DTC 模式
制造商                制造商
  ↓                    ↓
批发商                 平台
  ↓                    ↓
分销商                 用户
  ↓
零售商
  ↓
消费者
```

图 4-16 传统模式与 DTC 模式区别

目前品牌常用的方法是,在抖音、B 站、小红书等公域流量池里,通过营销全面触达用户,然后将转化、留存下来的用户沉淀在私域流量池里,通过朋友圈、社群运营等手段,引导他们直接在 App、小程序或微信商城里下单、复购。

比如,完美日记是通过将用户沉淀在私域流量池里后,利用社群、微信公众号和朋友圈引导,促使用户在小程序商城里形成复购的。

大多数新消费品牌将DTC模式落地在微信生态圈，一方面是基于其成熟的生态环境；另一方面是因为微信是通用的社交工具，且极具生活气息，品牌可以和用户直接对话。当然，为了让品牌与用户有更好的互动，淘宝也上线了粉丝福利群，抖音、快手等平台也推出了各种沟通互动功能。

那么，为什么品牌们都在争相应用DTC模式呢？这又有什么好处呢？

第一，省去中间环节，产品流向更可控。

DTC模式使品牌逐渐摆脱原有渠道的依赖，无论是自营电商，还是布局线下智能柜，都是为了降低平台和渠道对自身的影响，能有效应对渠道的压价和垄断行为，大大提升企业对产品流向的可控性。

与此同时，缩减中间环节可以提升企业利润空间，进而反哺消费者。无论在定价还是成本上更有主动权。

第二，实时互动，高效连接用户。

在DTC模式下，品牌可以直接触达用户，在线上与用户实时互动，拉近彼此之间的距离。更重要的是，品牌能有效挖掘用户的需求，真正做到以用户为中心，精准、及时、灵活地为他们服务，甚至还能共创产品。元气森林就是用这种模式，根据用户的需求研发产品，并做小规模测试，能更精准地感知用户的偏好，持续打造爆款，就能做到6个月上市新品。

第三，数字化技术，驱动业务整体增长。

品牌与用户共创产品，肯定离不开数字化技术。DTC模式有效地解决了参与方过多带来的数据割裂问题，能加强企业对全渠道数据的掌控，从全局的角度优化细节。同时，企业利用数据还可以追踪用户行为，从而调整产品研发和营销策略，全链路数据为品牌试错和产品优化提供了条件。在DTC模式下，企业能更好地掌握终端用户数据，建立数据科学体系，实现全链路数字化，从而驱动业务整体增长。

比如，完美日记创建了SRM、OA、KOL管理、产品管理、实时大数据平台等系统，主品牌完成DTC模式转型之后还赋能子品牌，让小奥汀、完子心选两个子品牌，在短时间内实现了飞速发展。

可以说，DTC模式的发展，重塑了渠道关系、组织关系，更重塑了用户关系，带来了整个价值链的重构。很多新消费品牌利用DTC模式实现了高速度成长，并向传统的消费品牌发起挑战。

运营用户，持续建立强关联

新消费品牌大多是从抖音、B站、小红书等平台上，用营销手段全面触达消费者，然后再将转化、留存下来的用户沉淀在私域流量池里，从而促成购买、复购。

想要更好地促成购买和复购，就要不断地与用户建立强关联。

多渠道运营，持续连接用户

我还是以完美日记为例，我们分析一下它是如何与用户达成强关联的。

前面讲过，完美日记在线上构建了一个叫"小完子"的品牌账号，并以美容顾问的身份添加有兴趣了解或购买过产品的人为微信好友。完美日记建立的微信群,也叫"小完子玩美研究所",不管是微信群,还是朋友圈,都是以"小完子"的角色为大家提供服务。

那么,在微信端具体是怎么实现的呢?

1. 社群运营

很多社群运营到最后基本都无人互动,但是完美日记的社群活跃度却一直很好。为什么呢?带着这个疑问,我们进群学习了一段时间。

首先,在答疑时,"小完子"和"小美子"就像鲜活的人,没有其他品牌机械重复的套路,能够针对用户的疑问贴心回答。比如,群里有人反馈自己皮肤比较干,不知道怎样解决。"小完子"就能针对具体问题,给出专业而准确的回复。

其次,群里还有一些日常护肤的干货分享,比如"小完子"会在群里分享美妆类课程链接,有兴趣的用户就会点开查看。这让用户觉得在这个群里是有收获的,是能体验到其他价值的。

再次,完美日记针对社群的用户推出各种优惠活动,如限时抢购、积分兑换等。用户会感叹:"群里和旗舰店价格差距这么大""群里还是比较优惠的"。另外,用户也会在使用产品后反馈心得,大大增加了用户对产品的好感度及信任感。

最后,当然就是常规的产品推荐,品牌会定时向用户推送小程序上架的产品,用户如有需要可以直接点击下单。

可以想象,假如自己作为社群用户,真的在里面享受到了福利,自然是乐意邀请好友入群,实现裂变拉新的,更何况完美日记还推出了拉新双方均可领取优惠券的活动。

2. 朋友圈运营

用户添加了"小完子"或"小美子"之后，就会看到其在朋友圈里展现的日常。与某些商家只在朋友圈里展示产品不同，"小完子"不仅会以完美日记员工的视角分享办公室里同事们的状态，还会用新颖有趣的形式解释护肤知识，这些让用户觉得"小完子"就是一个爱美、爱分享的可爱女孩。完美日记的各个品牌账号的朋友圈也不是完全机械化同步的，而是有一定的差别，这也得益于完美日记根据用户兴趣做了标签化分群，从而可以差异化展示内容。

除了这些，"小完子"还会讲解护肤知识、展示用户反馈、发布抽奖活动结果等，引导用户观看视频号内容，虽然基本一天会发 3 条左右的朋友圈，但是内容不都是直接推荐产品，而是让用户学习知识、感受产品，从而形成信任关系，促成转化。

3. 微信公众号

完美日记与花西子、Babycare 等新消费品牌一样，都是每月在微信公众号端推送几次内容，推文内容涵盖活动宣传、产品推广和优惠放送。

打开每一篇文章，我们会惊叹完美日记的排版做得很好看、很有质感，而且互动方式多样、科技感满满。以 2022 年 2 月 17 日的头条文章为例，页面非常有动感，入眼即是名片唇釉的动图，再往下就是产品介绍，随着提示点击感兴趣的部分，就会显示隐藏的内容，真是趣味十足。最后还有"互动有礼"活动，抽取 5 位幸运粉丝送此系列产品。

完美日记还会用抽奖的方式，促进社交拉新裂变。比如，在文章结尾说明：叫上你的闺密留言区互动并为对方挑选一款口红，点赞前 3 名的用户完美日记各送出新品1支。还有限时优惠活动,可以直接点击小程序商城一键购买,这种通常是在文章结尾直接附上链接,简单而有效。

除了在微信私域流量池里与用户发生强关联,完美日记还在微博和抖音等平台的官方账号上,随时连接用户。

4. 微博官方账号

完美日记在微博端发布的内容,也基本是以"小完子"的角度进行产品推广、宣传活动等,甚至与微信端方法类似,也有邀请新用户的活动,实现用户的裂变拉新。但是微博可以发起话题或建立超话,让明星或KOL通过和用户互动,促使他们转发微博扩大传播范围,从而促成购买。

5. 抖音官方账号

在抖音上,完美日记除了发布带有产品展示内容和购物链接的短视频,还会开设直播,感兴趣的用户看到后可以直接在直播间下单购买。购买之后又会通过添加微信好友,被沉淀在完美日记的私域流量池里。

我们可以发现,品牌与用户比较强的关联还是发生在微信端。完美日记之所以能和用户持续有效地建立联系,主要在以下四个方面做得比较出色。

第一,建立信任。

用户关系的运营,最重要的是让用户对品牌产生信任,用户所有的购买行为都是建立在对品牌的信任之上的。比如,完美日记打造的"小完子"和"小美子"在朋友圈里分享自己的日常,在微信群里认真回答用户的问题,还为用户送福利,这些都让用户感觉它们不只是品牌账号,像真人一样既真实又有温度,大大增强了用户黏性。

第二,提供价值。

运营私域流量并不应该采用短期收割的逻辑，而是持续为用户提供有价值的产品和服务。比如，"小完子"和"小美子"会在社群里为用户分享护肤、美妆知识，就连发的朋友圈也是从用户的角度出发，让用户直呼"学到了"。

第三，注重互动。

完美日记非常注重与用户互相交流、互相影响，以降低信息不对称的程度。在互动方面，除了在社群、微信公众号里发起互动活动，在朋友圈里"小完子"也会用设置话题的方式吸引用户前来互动。用户与品牌互动越多，品牌就会对用户产生越大的影响，这点十分值得借鉴。

第四，发放福利。

对用户来说，最有吸引力的就是福利活动。完美日记通过折扣活动、赠送礼物、抽奖活动等，激发用户的购买行为。尤其是对私域流量池里的用户来说，这些福利在其他渠道享受不到，这点大大增加了用户的黏性，也促进了转化。

总之，品牌通过持续地唤醒用户，与其不断发生强关联，一方面维系了用户关系，另一方面带来了更多的转化和复购，因此，很多新消费品牌都非常重视这一环。

掌握用户生命周期，激发消费潜力

品牌除了在线上与用户发生关联，在线下也有不同的玩法。

潮玩品牌 TOP TOY 在兰州开店的时候，做了一个有上千个盲盒的展示墙，并且邀请用户前来开盲盒。结果仅仅一天就有 2000 多人报名。

后来，TOP TOY 选取了 100 人在店铺开业的前一天前来开盲盒，这些人拆得非常开心，而且将自己的心愿写下来，摆在拆的盲盒旁边。第二天开店后，这些人带着亲朋好友到店里，给他们展示自己拆的盲盒和写下的心愿等。

这场活动使 TOP TOY 开业当天的营业额达到了 27 万元。与一般的营销活动不同，TOP TOY 更注重与用户的连接和互动。为了与用户多多发生连接，品牌可以根据自己的品牌特色和产品进行设计。

另外，针对不同阶段的用户，为了实现转化目标，品牌可以用不同的关联策略刺激。这里我借用互联网公司常用的用户生命周期概念，即根据用户对产品或品牌的不同参与程度，分为引入期、成长期、成熟期、休眠期和流失期五大阶段（见图 4-17）。

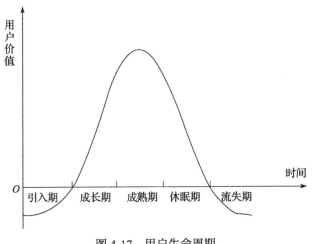

图 4-17 用户生命周期

引入期：这个时期用户还没有深入体验产品或服务，品牌常用的方法是给予新客优惠福利。

成长期：此时用户已完成一次购买，接下来可能还有复购行为。在这个阶段，品牌采用的方法是积分兑换礼品、多购优惠活动。

成熟期：此时用户已经多次购买产品，成为忠诚用户。对于处于这一时期的用户，品牌应该提供专属服务。

休眠期：用户在一段时间未下单购买产品，这一时期用户价值开始走下坡路，时间上比流失期短一些。

流失期：曾经的忠诚用户有一段时间，如半年、一年，甚至更长时间，没有产生购买行为了。这个阶段品牌用的方法是定期召回流失用户。

为了促进转化，在用户生命周期的每个阶段，品牌有不同的目标、指标以及活动策略（见表4-7）。

表4-7 用户生命周期不同阶段的目标、指标及活动策略

用户类型	用户阶段	阶段目标	提升指标	用户权益	匹配活动策略	用户触达频次
新客	引入期（注册新用户）	完成首次下单	次月留存、复购率	新客优惠福利	店铺满减红包、个性化优惠券、新手红包组合、跨品类导流红包	最短推送间隔
老客	成长期（复购用户）	增加购买频次	延长购买路径、缩短购买间隔	积分兑换礼品、多购优惠	多件折扣、特权折扣、清仓折扣	正常推送间隔
老客	成熟期（忠诚用户）	增加购买频次和种类	客单价、连带率	专属服务	限时秒杀、定向品类秒杀、特权秒杀、限购秒杀	正常推送间隔
老客	休眠期（休眠用户）	流失召回	短期流失召回	定期福利召回	产品推荐、向上销售、关联销售、组合销售	流失预警间隔
老客	流失期（流失用户）	流失召回	长期流失召回	定期福利召回	产品推荐、向上销售、关联销售、组合销售	流失预警间隔

总之，新消费品牌早已过了以产品为中心的时期，转而开始注重用户关系的经营，因此，要和用户经常沟通、建立连接，并针对不同阶段的用户采取不同的策略，这样才能持续实现产品的转化和复购。

CHAPTER 5
第 5 章

新消费品牌与传统品牌的未来

四大难点，新消费品牌如何破局

我们在研究新消费品牌的过程中发现，虽然很多品牌凭借高颜值的产品和平台流量红利一路冲刺，占领了一定的市场份额，甚至成为品类冠军，但是在发展壮大的路上，它们始终受四大难题困扰。

难题1：前有行业巨头打压

在消费行业里的大部分细分市场，早就有屹立了几十年，甚至上百年的巨头。如果某个细分市场还没有巨头涉足，只能说明这个市场份额不够大，没有引起巨头们的重视。但是一旦巨头们发现该细分市场是有前景的，进军后就可能会对新消费品牌进行碾压式的打击。

难题2：后有新晋者追击

近几年，新消费品牌能迅速崛起，很大一部分原因是创业门槛比较低。供应链相对完善，销售渠道比较成熟，新晋者十分容易涌入消费行业。无论是产品的研发、营销还是销售，每一个环节，都由成熟的代工厂、设计公司、运营公司分工完成。不仅如此，一旦某种产品走红起来，就会相继出现无数个模仿者，因此，留给新消费品牌的红利期非常短。

难题3：缺少颠覆性创新

消费行业是颇有历史的成熟行业，目前出现颠覆性创新的机遇很难，现在崛起的新消费品牌基本都是在微小的地方创新，与对手的区分度不大，就像王饱饱麦片只是改进了烘干技术，元气森林布局线下智能冰柜，可以自动统计产品数据、识别人脸，也只是比传统冰柜智能了一些。而且新消费品牌的大多数产品和商业逻辑比较简单，这种情况下，就很容易被同行超越。

难题4：消费者喜新厌旧

不管一个品牌的产品做得多好，这个品牌多么重视用户关系，但是消费者本身就是喜新厌旧的，这就导致在消费市场上一直会有新玩家入局，品牌很难形成绝对的垄断，而且为了满足消费者千变万化的需求，时刻不能放松警惕。

为了解决这些难题，新消费品牌就要构建自己的壁垒。我认为，战略的起点是把握商机，战略的终点是构建壁垒。纵观那些经营了几十年，甚至上百年的企业，不难发现，它们都是在发展过程中形成了自己的企业壁垒。

所谓企业壁垒，其实就是持续的竞争优势，它能让企业免受竞争侵蚀，在市场中始终占有主动权。企业壁垒包括技术等无形资产、企业独有的资源禀赋、网络规模优势等多种因素。如果拥有这些优势，企业自然有较大概率长久立于不败之地。

所处行业不同，具备的优势不同，相应的壁垒也就不同。比如，苹果、特斯拉这种科技型企业，技术是最大的壁垒；古驰、香奈儿这样的奢侈品企业，品牌本身就是最大的壁垒；对于传统品牌来说，规模才是最大的壁垒。尽管可口可乐和农夫山泉的配方和水源地也是核心优势，但是真正对竞争者起到阻挡作用的，却是规模带来的成本、渠道和品牌优势使它们能比同行获得更多的利润和定价权。

那么，新消费品牌如何建立自己的壁垒呢？

从前端入手，提升供应链效率

当众多新消费品牌在国内忙于抢占市场时，有个叫 SHEIN 的跨境品牌的产品早已畅销国外。

2021 年，SHEIN 的营收高达 157 亿美元，在美国快时尚市场占领了近 30% 的市场份额。SHEIN App 在 App Store 应用单日下载量一度超越了亚马逊，就连估值也呈飞跃式攀升，超过千亿美元。SHEIN 之所以能取得这样的成绩，离不开强大的柔性供应链支持。

SHEIN 建立的供应链模式是"小单快返"，产品从设计到上市仅需 14 天，而同样主打快时尚的 Zara 需要 21～33 天。而且 SHEIN 每个月会有 1 万多件产品上新，Zara 要想达到这个数量，时间远不止 1 个月。

能做到这样的上新速度，一方面是 SHEIN 与数百家供应商建立了深度合作关系，另一方面则是 SHEIN 拥有强大的供应链信息系统，通过智能定价、智能分单、智能动态评分，就能高效完成工作，系统还可以将收集的信息分享给供应商，以供其及时了解消费者的偏好，设计出符合市场需求的产品。凭借小批量、高频次、快速滚动翻单的战略，SHEIN 用更新的款式和更低的价格，持续不断地吸引着消费者，在国外市场竞争中突飞猛进。

以速度取胜的 SHEIN 是将供应链效率发挥到极致的代表。而新消费品牌要想保证产品销量和市场主动权，就不得不重视供应链的发展。

目前，多数新消费品牌都是找代工厂合作。新消费品牌能够快速崛起，代工厂发挥的作用不可小觑。

作用1：协助品牌跨越行业门槛

品牌在前期无须投入过多，不用花精力自建工厂，只要给出相应的生产标准，代工厂就能帮助其迅速达成量产。

作用2：快速跟进市场需求

消费者的需求多样且善变，如果不能快速完成产品的生产、上新，很容易错失市场。而代工厂出货快、产能高，能满足品牌迅速更新产品、订单变化的需求。

作用3：合理分配，术业有专攻

品牌可以将更多精力放在产品研发和设计上，一些成熟、优秀的代工厂，还能反向为品牌提供更多创设思路，自建工厂未必能达到这个水平。

尽管如此，代工厂模式未必适合所有的行业，也未必适合所有的品牌，为了更长远的发展，有些品牌出于以下考虑，不得不踏上了自建工厂之路。

第一，自建工厂可以避免产品断供，产能稳定。代工厂是为多个品牌供货，自然会按照订单量和品牌规模来安排产能。体量小的新品牌在竞争中本身就不具备优势，很容易遭遇断供。元气森林就是遇到过好几次突发情况，所以才决定自建工厂。

第二，自建工厂可以增强产品综合实力，提高竞争力。代工厂的生产管线是通用的，很难针对品牌的个性需求量身打造生产线。再者，品牌研发出产品后，能直接在自家工厂投产，快速完成测试，大大提升了生产效率。在这个过程中前端销售和后端生产线、研发部门，还能及时进行沟通，有利于产品的创新。

品牌是否自建工厂，一是源于自身的需求；二是源于自身的实力。如果自身实力欠缺，还没到完善供应链这个步骤，品牌不要急于求成，避免将过多的精力花在不擅长的事情上。

深度变革，加强渠道管控能力

渠道就像人的毛细血管，将产品输送到各个终端。在消费行业，谁掌握了渠道，谁的产品销量就有了保证。哪怕是放到现在，新消费品牌依旧摆脱不了渠道的制约。因此，渠道管控能力是每个品牌都要学习的命题。

众所周知，大部分新消费品牌发家于线上，为了突破流量和销量的限制，纷纷布局线下。目前，完美日记、三顿半、元气森林等品牌，通过布局线下门店、超市、便利店，开始向线下渗透。

不过，线下渠道与线上渠道有所不同，新消费品牌在进军线下的过程中，注定会遇到很多障碍。

障碍1：人群过于细分，不是零售端首选

新消费品牌大多是从细分品类入手，由于线上上架成本较低，并不会有太多的问题。但是线下的应用场景较小，目标群体规模较小，这就导致了坪效不够，零售端不愿意上架。

线下门店不仅需要支付房租，还有人工成本，折算下来每天每个货架都有一定成本，因此每一件产品都要保证有一定的周转率，否则就会亏损。在这种情况下，零售端会优先选择认知度和利润较高的品牌，对于一些新晋品牌则比较谨慎。

障碍 2：渠道利润不足，价格不稳定

大多数新消费品牌都是和代工厂合作，这就导致成本相对较高，而且很多品牌都是直营，没有考虑过给中间商留利润。开展线下业务时，由于品牌进驻便利店和超市的门槛较高，它们又不得不考虑和经销商合作的问题。

这时品牌才发现，线下渠道的利润根本不能满足经销商要求，如果想提高经销商的利润，产品价格又要高出很多。而且新消费品牌大多运用电商平台的逻辑，营销活动较多，又加上各种促销，导致产品价格十分不稳定。但是线下渠道强调价格的稳定性，如果价格像过山车一样，经销商很难接受。

障碍 3：线上种草，线下未必有效

我们知道，过去线下品牌的销售逻辑大多是记忆模式。这是什么意思呢？就是品牌在电视上打广告，消费者记住了这个品牌，然后就会在线下购买相关产品。

但是现在的购物模式，已经由单纯的记忆模式，变成记忆、搜索、推荐、算法等混合的购物模式。比如，京东有 65% 的订单是通过搜索完成的，而天猫、淘宝则是基于算法，为消费者推荐可能喜欢的产品。新消费品牌大多是通过向精准人群种草转化的。这群人已经习惯了在线上购买，而其他的人如果不熟悉这个品牌，一般是不会在线下主动购买的。

障碍 4：能力有限，线下运营存在困难

新消费品牌由于缺乏完善的经销体系，在物流、铺货方面存在短板。

因为线上销售的模式基本是从一个大仓库统一向全国各地发货，线下渠道则需要将产品运往不同的销售点，同时还要关注上百家门店的动态，管理的难度大大提升。

另外，因为新消费品牌的铺货能力有限，短时间内无法形成规模优势，这样就很容易亏钱，由于无法突破传统经销商模式，品牌最终还是走传统代理之路。

那么新消费品牌该如何解决呢？

第一，选择差异化的优势渠道入局。

线下渠道入驻门槛高，且竞品种类繁多，新消费品牌应该怎样入局呢？我的建议是选择一个差异化的优势渠道，就像元气森林在布局线下时，优先选择了和便利店合作的模式，同时尽可能多地向高校铺货。因为就算可口可乐、农夫山泉在市场上再有优势，便利店给它们的陈设空间也是有限的。虎邦辣酱从外卖渠道找到了突破口，也是避开了竞争激烈的渠道，这和大部分新消费品牌能从线上渠道崛起是一个道理。

第二，拓展广度的同时，也要注意深度。

很多品牌在渠道的铺设上，想尽量实现多元化，因为触达的消费者越多，意味着产品的销量可能也越大。同样是奶茶品牌，喜茶同时布局线上和线下，比起基本只在线下门店销售的品牌，自然是喜茶更有优势。

但是，需要注意的是，品牌在追求渠道广度的同时，也要重视渠道的深度，重视渠道的精细化运营，如果不能有效地触达消费者，铺货渠道再多，最终也是白忙活一场。

第三，精准触达，提高渠道运营效率。

低成本、高效率地触达消费者，是所有品牌追求的目标。

我认为提高渠道运营效率可以从两方面入手。一是线上线下进行融合。随着互联网的发展，两种渠道的数据更加透明，如果能够随时联动，运营效率会逐渐变高。二是提高触达消费者的精准度。试想一个美妆品牌要想有效触达消费者，在地铁口发传单更有效还是在美容院附近发传单转化率更高呢？无须解释，自然是美容院了。所以，品牌应在人群的精准触达上多花心思，如果广度不够，提高精准度也是有效的途径。

第四，渠道变革，寻求新的破解之法。

面对线下渠道入驻门槛高、门店资金需求大、代理商要分成、一手数据获取难等种种难题，很多新消费品牌正在努力寻求破解之法。

元气森林为了直接获取数据，收回了一些与经销商的合作，并改为直营。与此同时，在线下布局智能冰柜，掌握更多主动权。而且，即使是和经销商合作，元气森林也建立了独特的管理体系，通过打分系统筛选出核心经销商，并采取奖励公司股权等措施激励。

跟传统品牌设法和经销商建立合作不同，新消费品牌思考的是怎样找出直接面对消费者销售的新途径。不过，线下渠道的传统模式存在了这么多年，要想实现突破，还有一段艰难的路要走。

所以，品牌只能将更多希望寄托于DTC模式，元气森林、完美日记等品牌，早就通过微信小程序直接向消费者销售产品。DTC模式不仅拉近了品牌与消费者之间的距离，还能邀请他们共创产品，更有利于品牌洞察消费者需求。

由此可见，新消费品牌要建的渠道壁垒，与传统品牌有很大的不同，甚至还要勇于突破，才能成功走出新的路径。

提高溢价水平，积累品牌资产

要想构建企业壁垒，肯定少不了品牌资产。

很多小微企业的创始人，一开始对打造品牌不够重视，他们总是认为产品好就行了，销售直接找渠道即可，搞这些虚头巴脑的宣传有什么用呢？

我告诉他们，也许现在凭借渠道和产品，品牌的销量暂时还不错，但是去掉这些东西呢？假如有一天，你的产品、渠道、流量、供应链都没有优势了，那企业还有什么？要知道，精神上的护城河，远比物质上的护城河强固。如果消费者对你的品牌有印象、有认知，那么在市场上就比较有竞争力。

第一，占领消费者心智，可以缩短购买决策路径。

什么是心智占领？就是在没有任何外在条件的影响下，消费者想购买某种产品时，首先想到的就是这个品牌。比如，提到去屑的洗发水，自然想到的是海飞丝；想到去服务好的餐厅吃火锅，自然非海底捞莫属。这样一来，就算市场上有很多同类产品，只要消费者认准了这个品牌，其他品牌就失去了竞争力。

第二，赢得消费者信任，可以为产品带来更多溢价。

两件款式、面料相似的衣服，知名品牌就卖得贵，没有名气的品牌卖得便宜，但是人们还是愿意花高价购买知名品牌的产品，这是为什么呢？

因为品牌能为产品带来溢价，也就是附加值，这使知名品牌的产品在与同类产品竞争上有更大的优势。消费者之所以选择知名品牌的产品，是因为看中了品牌背后的价值，比如品质和信任，这些让品牌在定价上有更多的主动权。

第三，用理念吸引消费者，可以引发认同、增强黏性。

好品牌是有灵魂的，理念和目标群体是高度契合的，这种品牌用它的理念和态度就能吸引到消费者。有一家叫飞鸟和新酒的女装品牌门店，每当从店门口经过，人们都能感受到它散发出的自然、自由、浪漫的气息，而这也正是品牌想要传达的理念，相信有这种追求的女性，都会忍不住试穿、购买。

像前面提到的香氛品牌观夏、女性内衣品牌内外，都是有极强的品牌理念和调性的，因为能在精神上引发共鸣，消费者的黏性也比较高。

到底该怎样提高品牌的影响力呢？贝恩公司全球专家合伙人鲁秀琼，曾提出过五个维度，我结合自己的理解简单解释下（见表5-1）。

表 5-1　品牌影响力的五个维度

价值高度	品牌存在的意义，能给消费者带来什么价值
人设温度	品牌的定位是消费者的朋友还是家人
场景强度	品牌的场景覆盖度有多强，消费者在什么情况下，会第一时间想到该品牌
记忆深度	品牌在消费者的印象里有多深，哪些细节让消费者对该品牌有记忆
关系厚度	品牌和消费者的关系怎么样，消费者的忠诚度有多高

品牌可以从这五个维度进行思考和塑造，如果在这些方面都表现得比较优秀，自然就会成为一个深受消费者喜欢的成功品牌。

好的品牌定位和品牌理念，决定了它的起点有多高；能不能很好地展示、传播品牌，决定了它究竟能跑多远。因此，品牌除了要确定定位和理念，还需要持续做好以下几件事。

- 持续输出高品质产品和高质量服务。
- 通过品牌标识、包装设计，强化品牌认知。
- 塑造品牌调性，传达品牌理念。
- 利用营销传播，持续向消费者传递品牌信息。
- 通过用户运营，增强用户黏性，建立品牌阵地。
- 借助组织的力量，打造品牌管理系统。

需要注意的是，建立品牌资产是一个长期积累的过程，绝非一时之功。品牌要懂得坚持，持续输出，在这个过程中，拐点迟早会出现。

发挥优势，沉淀用户、数字化资产

品牌要想持续收获利润，就必须一直在市场上有竞争力，以此建立护城河。除了供应链、渠道和品牌资产，品牌还可以在哪些方面发力呢？

第一，用户资产。

在传统消费时代，大多数品牌的经营逻辑是"人找货"，但是现在平台都讲究算法推荐，逻辑变成了"货找人"。消费者也许对品牌并没有太多认知，只要推荐的产品符合需求，就可能下单购买。

另外，现在平台多元，信息量爆炸，而消费者的精力有限，品牌对其产生影响也愈加困难。更重要的是，平台流量越来越贵，而且流量能流进也能流出。其实，我们可以换一个角度思考：这些来来去去的流量其实就是用户，所以，品牌只要抓住这些用户就行了。

基于这种现状，现在很多新消费品牌都从过去经营产品的逻辑，变成了经营用户的逻辑。品牌将这群用户留存下来，建立私域流量池，并围绕他们提供全方位产品解决方案。

在当今去中心化媒体时代，品牌发展的逻辑变成了以用户为中心，而用户的核心就在于数据。对于一个品牌来说，对用户行为进行持续研究并形成数据积累，一定会产生更大的边际效应。

第二，数字化资产。

数字化资产很重要。其实无论是洞察需求、打造产品，还是平台营销、产品销售，甚至是企业内部管理，都离不开数字化。构建数字化壁垒，是新消费品牌制胜的关键一局。

下面我们从人、货、场的角度，详细分析如何构建数字化壁垒。

人：捕捉用户需求，实现精准营销

目前，品牌从对用户的需求捕捉到精准营销，再到全面运营，都离不开数字化。

首先，在捕捉用户需求方面，元气森林在微信小程序、公众号和社群里沉淀了一批忠实用户。通过对用户的运营，元气森林能精准地捕捉用户的需求，并针对性地打造产品。而打造完产品，还可以利用用户进行需求验证。

其次，数字化还可以实现精准营销。企业通过收集数据，对用户进行洞察，针对不同用户采取不同营销活动。母婴零售品牌孩子王在品牌 App 或小程序上，会针对不同阶段的用户，自动匹配不同的优惠活动，如针对新客采用超低价促进首单转化率，对于完成首单的用户则是靠折扣吸引他们回购。

最后，品牌利用数字化进行用户管理。现在的新消费品牌，几乎都会建立私域流量池，在用户运营上也实现了数字化管理，如不同用户有不同的标签分类，可以进行数据跟踪、行为分析等。完美日记能有效运营百万级别的私域用户，离不开数字化管理。

货：实时监测，实现供需平衡

很多巨头品牌已逐渐实现货物管理数字化，新消费品牌也在抓紧布局。

联合利华是世界上最大的消费品公司之一，在中国销售的品牌就有80多个，而在供应链上，要管控的配送网络十分密集。为了以数据为驱动，减少人为决策，联合利华建立了一个叫需求计划的模型，能有效降低库存积压等带来的成本损耗。当你逛超市时，从货架上买走了一瓶联合利华旗下品牌的洗发水，它的供应链数据就会发生变化。

目前，联合利华已经实现了从市场信息识别、需求预测到生产配送的产品全流程的数字化。

场：线上线下融合，各渠道数据共享

目前，很多品牌已不再是单纯的在线上或线下运营，而是全渠道布局，并且打通线上和线下，进行信息共享。完美日记和三顿半都是既在电商平台开设旗舰店，又在线下布局体验店。

全渠道运营可以获得更多的用户，且用户在不同渠道都能看到品牌，可以增加品牌的曝光度和记忆点。各渠道数据共享可以让品牌及时了解各渠道的销售表现，进而做出协同。比如，内衣品牌内外就利用数字化工具，针对各渠道优化进货、库存、价格和选址决策，大大提高了运营效率。

总之，新消费品牌天生在用户资产和数字化资产方面具有优势，这些优势也是对抗传统品牌的壁垒，因此，要好好抓牢这两点。

资本助推，品牌做大做强

除了常说的在供应链、渠道和品牌方面构建壁垒，目前，资本也成为新消费品牌建立壁垒的有效工具。

与传统品牌排斥资本不同，新消费品牌非常善于利用市场规则和金融杠杆，不仅积极寻求资本助力，而且加入投资大军，成为资本方。

曾经海外品牌进军中国市场时，就是借助了资本的力量，打得很多中国品牌措手不及。虽然像老干妈这样拒绝资本的态度让人敬佩，但是新消费品牌如果没有资本的支持，很难做大做强。

资本能帮助新消费品牌解决不同阶段资金需求

在初创时期，很多品牌并没有盈利能力。品牌不仅要研发产品，还要对多个产品进行测试，最终选择反馈比较好的打造爆品。在这个过程中，就会涉及多项成本。另外，团队建设、渠道铺设以及各方资源加强，都是需要解决的问题。

品牌到了成长期后，并不是说产品打造出来了只需营销就好，营销手段并不是拉开品牌差距的关键因素，重要的是持续研发产品，进行品牌建设，以及打造优秀的组织能力和完善的中台建设等。这些都是需要投入大量资金的。

新消费品牌借助资本构建企业壁垒

现在已经成为头部的新消费品牌,也开始做起了投资,但是投资领域基本围绕自身的产业链布局,比如,泡泡玛特通过投资一些有潜力的初创公司,打通产业链上下游,进军动漫产业等。

所以,借助资本的力量让新消费品牌不仅能在前期获得资金支持,大力吸引人才,顺利研发产品并迅速占领市场,而且到了后期,还能在资本的支持下,打通横向和纵向的产业链,构建企业壁垒。

两大方向,打造学习型组织

关于新消费品牌的组织和人才特色,我在前面已经系统介绍过。众所周知,组织和人才是企业发展的土壤,能够助力企业形成竞争壁垒。如果把竞争力比作一辆车的性能,那么组织能力就是造车的能力。

大多数新消费品牌成立时间较短,虽然在管理方式上有一定的创新,但是创始人和团队要时刻保持学习能力和突破精神,才能构建长期发展的壁垒。

第一,创始人的自我管理。

很多品牌创始人在品牌发展的初级阶段,往往是和团队一起拼搏成长的,很多创始人扮演的是救火队长的角色,遇到关键问题总需要创始人亲自解决。而到了构建企业壁垒的阶段,业务范围和模式已经基本稳定,品牌也具备一定规模,此时,创始人要明确自身职责、做好精力管理。

创始人身为品牌的总指挥,要提高自己对行业的认知能力,深入洞察用户，还要兼具长期主义精神，坚持品牌价值观。创始人不能什么都亲自抓，觉得品牌离了自己不行。身为创始人，要做自己该做的事，其余事情交给团队处理才是最优解。

第二，组织的发展与管理。

创始人能够真正放权、专注于自己的职责，背后要有一个强大而健全的组织支撑。

相信大家都听说过美丽说和蘑菇街，这两个是曾经红极一时的女性时尚社区。但是在 2016 年，美丽说却被蘑菇街收购。我听美丽说的创始人徐易容回顾，在他深入了解蘑菇街之后，发现它的组织能力就是比美丽说强，所以他甘愿品牌被收购，并由蘑菇街主导。

这件事说明，当双方陷入竞争僵局时，一方之所以能取胜，很大程度上源于背后的组织能力。谁的组织能力更强，谁就能更有效地执行上层制定的战略。

那么，应该如何从组织层面构建壁垒呢？

1. 全面强化组织能力

组织能力的强化需要从以下四个方面着手。

（1）设定人才梯队。

人才是构成组织的核心要素，一个优秀的组织要重视每个人才，而不依赖于某个人才，这就需要设定人才梯队，将人才组织化。不健全的组织经常会因为一个人才的去留影响组织的发展，而建立了人才梯队之后，一名员工出了问题，还有更多的员工替补，从而实现组织的新陈代谢。

（2）建立管理机制。

管理机制主要涉及决策机制、目标管理机制、分配机制等，新消费品牌的管理机制更透明、扁平。建立管理机制并不是为了监视员工，而是为了激发员工动力，用管理机制驱动员工，让他们持续自发地工作。

（3）构建组织体系。

组织体系并不只是组织架构，而是一个系统。它不仅包括架构，还包括流程、规范、方法论，等等。我们常说的研发体系、财务管理体系，都是组织体系的一部分。构建组织体系，是为了让组织的运作更高效、更规范。

（4）打造企业文化。

企业文化并不是定个理想目标天天喊口号。企业文化是组织的向导，是向心力，也是企业长久沉淀下来、自发形成的一种精神引领。例如，元气森林的企业文化是"敢于创新、冒险拼搏"，正是在这种文化的引导下，元气森林的产品才能不断迭代。

需要说明的是，这四大方面并不是孤立存在的，而是形成了一个闭环：综合来说，组织想要良性发展，就一定要建立人才梯队；想要激励人才，让他们有自驱力，就需要建立管理机制；人才有了动力之后，品牌要提供一个高效、健康的平台，就要打造组织体系；无论是人才梯队，还是管理机制和组织体系，背后所遵从理念，则是企业文化。

2. 重视员工成长

很多企业在人才的培养上不愿意花费时间和精力，总觉得利用招聘可以解决人才问题，尤其是做新消费的企业，成立时间短、发展节奏快，总想招到成熟的人才拿来即用。

但是毕竟新消费品牌的团队成员比较年轻，在新的组织形态中，如果能有一路陪伴的人才，将会大大提升运营效率。华为每年都从高校直招毕业生，并有完善的机制对他们进行全面培养，这是华为始终保持强大的生命力的秘诀之一。我认识很多华为的优秀人才，他们都是在很年轻的时候就加入了华为，用他们的话来说，华为的基因已经刻进了他们的骨子里，不管是华为的工作风格还是企业文化，他们都高度认同，且步调也高度一致。

总之，任何一个优秀的企业，都需要持续学习、持续成长，只有具备这样的组织文化，才能构建更强的壁垒。

传统品牌焕新？不同品牌，不同解决方案

新消费品牌的迅猛崛起，必然给传统品牌带来巨大的冲击。

有数据显示，自 2018 年以来，迅速成长为市场头部的新消费品牌，主要通过两种途径实现突围：一是抢占、分食传统头部品牌的份额，二是整合赛道内的中小企业。

三顿半、隅田川和永璞咖啡三者的入局，直接导致雀巢咖啡从 2018 年第四季度 25% 的市场份额，跌至 2021 年第三季度的 12%；以小鹿蓝蓝为代表的零辅食新品牌，瓜分掉亨氏、嘉宝的大半市场。

很多传统品牌看到这种情况，就很焦虑，想要转型。但是，放弃已耕耘多年的市场有点可惜，想要入局新消费市场，却又不知该从何下手。

为了解决这些难题，在这里，我针对三类传统品牌，即老牌巨头品牌、大型腰部品牌和中小头部品牌，分别给出相应的解决方案。

老牌巨头，八大解决方案

娃哈哈是发展多年的老牌企业，也是为数不多闯入Food Engineering发布的"2021全球食品饮料100强榜单"的中国品牌，尽管它体量庞大，市场占有率极高，但是面临当下的局势，不得不做出变革。

娃哈哈在国内饮料市场曾是龙头一般的存在，如今收入规模紧缩，知名度下降，迎来了近10年来的低谷，昔日的饮料冠军正在跌下神坛。

娃哈哈坐落于杭州。当2013年电商经济飞速发展之时，杭州迅速成长为互联网之都，但近水楼台的娃哈哈，不但没有拥抱电商，反而持强硬的抵制态度。在这种情况下，娃哈哈错失了电商的发展红利，即使现在开始发展线上，很明显心有余而力不足。

还有一个现象就是，近几年，娃哈哈从年轻人的饮料备选项里消失了，当然一部分原因是其他对手相继出现。在目前的饮品市场上，除了有娃哈哈的老对手可口可乐、农夫山泉、汇源果汁，还接连出现了元气森林、喜茶等新品牌，咖啡饮品、牛奶饮品，甚至是中草药饮品，各种新品类涌现。

曾经令娃哈哈引以为豪的线下渠道，如今给它露脸的机会也越来越少。据货圈全统计，娃哈哈只在某些一二线城市铺货较多，而在其他城市的便利店和超市，摆放的位置并不显眼。

娃哈哈也曾向经销商提出要求，想要拓展超市渠道，加大单品上架的数量规模，但是由于货架费太贵，为了维持产品的价格优势，娃哈哈只能控制渠道费用。

就这样，曾经名震一时的饮料品牌，竟变得悄无声息了。尽管接班人上任进行了一系列改革，但是目前尚未对扭转这艘巨轮的航向，带来显著的改变。

其实，这些曾经风光无限的老牌巨头遇到的问题，多多少少有一定的共性。

- 错失互联网红利，需付出更多成本
- 消费者代际更替，出现新的目标群体
- 竞争对手四面涌来，跨界竞争日益增多
- 品类增长封顶，持续发展成为难题

针对这些情况，老牌巨头虽然具有一定的市场、渠道和品牌优势，但是缺的是更强的竞争力，这种竞争力是一种符合新时代、新消费、新人群特征的创新竞争力。但是，品牌不同，面临的具体情况也不一样。

下面我将给出老牌巨头翻红的八大解决方案。

方案 1：渠道融合，打通线上线下

虽然大多数传统品牌都已经进驻各大线上平台并且开设了旗舰店，但是毕竟深耕线下渠道已久，经销商模式根深蒂固。因此，老牌巨头除了积极拥抱电商模式，线下渠道改革同样不可轻视。当然，最重要的是线上、线下渠道融合发展，同时发展 DTC 模式，为自身争取更多的主动权。

方案 2：品牌年轻化，打造新产品

老牌巨头创立的时间比较早，以前面对的主要是大众市场，也就是全年龄段消费者。而目前年轻群体消费能力崛起，市场环境和需求发生了很大的变化，针对这种情况，我们的建议是品牌年轻化。老牌巨头与新消费品牌对比如表 5-2 所示。

表 5-2　老牌巨头与新消费品牌对比

品牌类别	品牌代表	特点	市场定位	人群定位
老牌巨头	娃哈哈、蒙牛、伊利	知名度高、面临挑战	大众市场	全年龄段消费者
新消费品牌	花西子、元气森林、拉面说	成名较快、发展强势	细分市场	年轻消费者为主

品牌年轻化不是指整个企业方方面面都要年轻化，而是针对品牌形象进行升级、改造。同时针对年轻群体，打造符合他们需求、调性，具有社交属性的新产品。当然，这也不是指所有产品线都围绕年轻群体打造产品，而是在维持现有存量市场的情况下，去寻找以年轻人为目标群体的增量市场，打造新的产品。

方案 3：投资式增长，助力新品牌

老牌巨头资金雄厚，如果自身供应链能力强，但是创新能力有所欠缺，可以投资新消费品牌，实现新的增长。

通过这种方式，老牌巨头可以间接触达新的消费群体，同时能为新品牌提供供应链支持，形成新的价值链。

方案 4：内部孵化，分层占领市场

假如品牌发展已经触顶，且品牌业务线、组织架构比较复杂，根据内部情况，可以重构业务能力，孵化新品牌（见表5-3）。

表 5-3 内部业务线调整策略

业务类型	特点	政策态度	目标
核心业务	业务和客户都比较成熟	配备合适的组织人才	提升品牌势能，构建竞争壁垒
非核心业务	体量不大、增速较快且有行业前景	在人事和财务上给予特殊支持	引发爆发式增长，迅速抢占市场
新业务	尚在萌芽状态，以年轻人为目标群体	不干涉、不限制，制定赛马机制，若有一定起色，再给资源扶持	开发创新力，打造新品牌

方案5：基于目标群体，重构产品逻辑

有些老牌巨头技术超前，但是市场发展滞后，这时可以重构产品逻辑，从具体的场景、消费感知入手，重新设计产品和服务，为消费者提供解决方案。

比如，米其林轮胎技术能力强，可以增加面向物流公司的轮胎服务；铜师傅本身为小众艺术品牌，但是可以针对居住场景打造家具和摆饰产品。

方案6：从内容入手，重构消费者关系

对于产品同质化严重或产品底层逻辑不清晰，却非常善于运营流量的老牌巨头，可以从内容入手，打造有温度的IP，也可以给产品赋予一定的价值，将产品和消费者定位成某种关系，从而更有利于销售产品。如果产品本身差异化不够明显，这时也只能从内容入手，与消费者建立某种关系，拉近彼此的距离，完成绑定。

方案7：品类营销，吸引消费者

市场份额较大的老牌巨头，可以尝试品类营销。这点可以参考新消费品牌引爆市场的方式,即以品类入手,用超级单品引爆市场。市场份额比较领先的品牌,消费者对其产品的接受度很高,这时可以将产品细化为一个或多个品类,分别抓住消费者的眼球,从而带动整个品牌的增长。

方案 8:数字化改革,提高组织效率

目前数字化已成为大势所趋,老牌巨头由于结构复杂、业务繁多,数字化改革的阻力更大,因此在这方面不能掉以轻心。品牌可以将关键资源、资产、业绩等全面数字化,为洞察用户、市场决策等提供依据,全面提高组织效率。

腰部品牌,摆脱尴尬境地

新消费品牌通过选择细分赛道打造超级单品,再通过一系列的营销策略,成为当下炙手可热的网红品牌。老牌巨头尽管需要改革,但毕竟占据行业大部分资源,再加上多年的品牌建设,巨头的位置依然无法撼动。

腰部品牌相比之下就略显尴尬。上有头部品牌挤压,增长空间受限;下有无数品牌虎视眈眈,随时担心自己的地盘被侵占。腰部品牌要想摆脱当下困局,就不得不采取新的战略。

第一,品牌势能亟须提升。

腰部品牌没有强大的品牌势能,不像老牌巨头已经霸占消费者心智,这让它们在引起消费者的情感反应和精神认同时受到阻碍。

第二,缺乏整体战略能力。

腰部品牌没有巨头高瞻远瞩的战略能力,自然无法突破瓶颈,整体增长都会受限。

第三，差异化不够鲜明。

腰部品牌给人最大的感觉就是产品和服务同质化严重，没有鲜明的特色。因为巨头基本掌控了市场的主导权，腰部品牌只能跟风模仿，在市场上的局面十分被动。就连有着90多年历史的百雀羚，在2010年左右也遭遇着这种尴尬。几经波折的百雀羚，虽然有一定的品牌底蕴，但是毕竟长期发展缓慢，品牌势能大大下降。与此同时，品牌没有主打的王牌产品，产品也没有独具一格的特殊功效，可替代性较强。另外，百雀羚的战略规划能力也有所欠缺，无论是人群定位还是渠道选择，都有一定的局限。百雀羚由于产品价格不高，目标群体主要为工薪阶层的中年女性，消费能力较弱。再者，百雀羚主要和大型超市合作，并没有入驻商场，无法给人留下深刻的印象。

在这种情况下，百雀羚的增长必定缓慢且不稳定，而且前景也不太明朗，想要成为护肤界龙头，还要走很远的路。尽管如此，百雀羚一直没停下探索的脚步。

当然，腰部品牌也并非没有过人之处，它们大多凭借优秀的组织能力，拿下了不小的市场份额。因此，针对腰部品牌，我们认为应提升品牌势能和战略能力，并加强创新能力，打造差异化产品。就像百雀羚，针对此前的困境制定新的战略，并在三大方面做了改进：加大产品升级力度，启动"草本护肤"战略，更新产品包装和品牌形象；拓展销售渠道，在商场里设置专柜，在各大电商平台开设旗舰店；凭借国潮情怀开展营销活动，在品牌声势上，赚足了存在感，提升了认知度。

就这样，百雀羚的销售额每年呈突破性增长，而且从2019年起连续登上 Brand Finance 发布的全球最有价值美妆榜单，在 2020 年位列第 19，超越了美国玉兰油、德国施华蔻等国际品牌；2021 年更是升至第 15 位。

那么，针对腰部品牌到底有哪些改进方案呢？

方案 1：重新塑造品牌，提升品牌力

缺少记忆点、低复购的品牌，当务之急是重塑品牌力。一个好的品牌无论是从商业角度还是用户和行业角度，都应该是被高度认可的：从商业角度，战略能力强、社会地位高；从用户角度，口碑良好、产品力强；从行业角度，有差异化优势、行业地位高。因此，品牌可以从这几个维度入手，全面提升品牌力。

方案 2：打造传播符号，提升品牌辨识度

很多品牌缺少记忆点，大多是具备行业特点，但是缺少自身的鲜明特点，我们的解决方案是打造品牌专属的传播符号。

传播符号可以帮助消费者有效识别品牌、加深记忆。打造传播符号并不是简单地定一个宣传口号，用海报或视频宣传品牌就行了。品牌符号是一个体系，不仅包括名称、标志、口号，还有代言人、包装，甚至是品牌的基础色调，这些都是被消费者识别和认可的内容资产。就像西贝莜面村，从明艳的方格子桌布，再到"I love 莜"的口号，无一不给消费者留下了深刻的印象，对消费者的决策起到引导作用。

方案 3：优化品牌关键词，加深品牌记忆

针对线上平台销量低且依靠代运营公司的品牌，需要重新提炼关键词，强化品牌和产品价值。

平台上的流量是依靠关键词进行分配的，而消费者对一个品牌的印象，也是从关键词开始的。大多数传统品牌，虽然很重视品牌形象和品牌价值的传递，但是往往提炼的要点，也就是品牌和产品价值的关键词很不到位。

在没有任何提示的情况下，消费者又如何通过关键词，联想到这些品牌呢？线下和线上又如何实现品效合一呢？针对这些情况，品牌应该优化关键词，或者将关键词矩阵化，这样无论是在抖音还是小红书，甚至是电商平台宣传时，才能使消费者形成强有力的认知。虽然有些品牌是依靠外部营销和代运营机构制定营销和运营策略，但是对于品牌和产品的定位解读以及策略制定，还是要由自身来主导。

方案 4：寻找优势，全面提高战略能力

大部分腰部品牌，主要精力还是放在传统渠道建设和门店运营上，战略能力相对薄弱，对于这种情况，我们的建议是全面提高战略能力。

随着互联网时代的到来，很多新的技术和玩法诞生，腰部品牌也要顺应潮流适应这种变化。在战略的制定上，具体可以参考前面提到的企业增长战略，以及第 2 章中提到的七大优势战略，找到自己的增长驱动力，进行战略组合，再贯彻到具体的实践中。

方案 5：勇于尝试，开创新品类

腰部品牌的差异化竞争能力较弱，如果没有其他优势，消费者很难对其产生强烈认知。想要突破这种局面，开创新品类是一个不错的选择。但是，这需要很大的勇气和战略能力。因为大部分腰部品牌的模仿能力很强，创新能力有所欠缺。开创新品类就意味着品牌要设置新的产品线，跟现有产品有所差别，确实存在一定的风险，但是如果不做尝试，腰部品牌一直排在行业中游，整个品牌在消费者心中地位逐渐降低，后果更不堪设想。

方案 6：突破局限，打造流量型产品

有些腰部品牌虽然有一定体量，但是毛利不高，营销预算较低，且产品行业属性较强，对于这种情况，我认为可以打造流量型产品。

流量型产品有一个很大的优点就是在预算较少的情况下可以有效扩大与大众的接触范围。通过有效运营就能筛选出更多的潜在用户。虽然流量型产品利润薄弱，甚至是有些亏本，但是它对于品牌的贡献很大。

流量型产品，可以是引流产品，也可以是联名产品，甚至可以不属于品牌的主要业务范围，但是能帮品牌打开市场和知名度。

中小头部品牌，突破三大难题

大部分中小头部品牌的梦想是变得更大、更强，但是要想实现突破，就不得不弄清楚是什么因素限制了品牌的发展。在我研究的众多案例中，中小头部品牌所面临的问题基本都逃不出以下三种。

- 技术能力够硬，但是市场拓展缓慢。
- 模式小而美，市场规模受限。
- 区域发展良好，全国知名度不高。

这些恐怕是大多数中小头部品牌正在遭遇的难题。就连 1997 年成立的桃李面包，尽管 2015 年就在 A 股上市，但是今天仍面临这样的状况。

凭借"中央工厂＋批发"的商业模式，桃李面包从沈阳起家，稳赢东北市场，不过它的扩张步伐并不止于此。自从上市之后，桃李面包便踏上了变强之路，定下了全国战略。为了突破市场限制，桃李面包开始南下东进，一边自建工厂一边寻求合作，用直营和经销两种模式，为直营商家和供销商提供产品。

不过，由于面包保质期短，而且面包基本上作为早餐，这让桃李面包不得不半夜配送；再加上桃李面包的门店数量本身不多，所以每次配送的效率并不高。在扩张的过程中，桃李面包埋头苦干换来的，并不是期待中的好结果。

2016年至今，桃李面包在多个市场以亏损收场。而且2021年上半年，上海、江苏和海南的子公司合计亏损超过2800万元。

到底是哪里出了问题？为什么桃李面包的市场看似更大了，结果却是亏损了？这个问题值得大家深思。

的确，每一个品牌的目标都是更大、更强，但是方法不对，努力白费。针对中小头部品牌面临的问题，我认为有以下几种解决方案。

方案1：从人群入手，而不是从地域入手

与北方相比，南方经济更发达，人们也更加重视饮食。因此，烘焙坊里现做现卖的面包，远比超市里卖的常温面包更有市场。而且南方市场早就有全家、7-11等便利店，这些便利店里也有自有品牌的常温面包，在这种情况下，桃李面包很难打入。

因此，不如换种思路，地域性品牌要想拓展市场，可以从人群入手。比如，江小白虽然是重庆的品牌，但是面向的是所有年轻人；王老吉是广东的品牌，但是目标群体是怕上火的人群。如果面包也从人群入手，生产老年人的面包、年轻人的面包，甚至是加班人的面包，或许是一个可行的思路。

方案 2：寻求增量市场，扩展品类

有些中小头部品牌，尽管技术能力比较强，但是产品逻辑并不十分清晰，有时开发产品的思路往往是从专业技术着手。像这种情况，我们的建议是跳出固有思维，从寻找增量市场的角度扩展品类。

桃李面包虽然在淘宝店有近 80 个 sku，看似产品很丰富，但是没有一个强大的品类，更没有新的品类去引爆市场。想要入局需求度相对低的南方市场，不能直接用原有模式，而是去找增量市场，打造新品类，不然怎么能实现突破呢？

方案 3：开发新能力，打造服务型产品

有些品牌技术够强，但是溢价能力不足，而且改进空间有限，这种可以延续技术路线，研发服务型产品。

以米其林为例，米其林的轮胎科技含量很高，即使是翻新的二手轮胎，使用寿命也比普通的轮胎长。因此，米其林就从服务入手，为物流公司提供轮胎总包服务，这样一来拓展了业务范围，业绩自然会有新增长。

当然可能有人会说，桃李面包也可以用更好的服务态度满足经销商和消费者。当然这种情况不是说不可以，但是我们这里指的不是具体的服务，而是打造服务型产品。而且对桃李面包来说，对人群和品类两个方面改进，可能更有效果。

方案 4：加大内容营销，增强品牌知名度

对于依靠产品能力、销售能力打开市场，但是宣传不到位的品牌，做好内容营销无疑是头等对策。

这种产品型品牌，始终秉持产品第一的原则，但是往往缺乏与市场的沟通。即使产品再好，用户无法感知到这些信息也没用。所以，利用内容营销，给大众普及产品价值，然后再通过营销漏斗，寻找更多潜在用户。通过这种方法，可以帮品牌打开市场，找到更多增长空间。

方案5：专业性很强的品牌，尝试产品降维

有些品牌之所以规模小、市场小，是因为产品、用户和使用过程等方面太专业。这种品牌要想获得更多的市场，解决方案就是产品降维。

近年崛起的新消费品牌，如空刻意面，就是把餐厅里的意大利面做成了速食；铜师傅更是将少数人欣赏的艺术品，变成了大众能消费的铜木摆件和家具。所以，对于专业性较强的品牌，可以尝试与大众市场接轨，从而扩大用户基数，提升业绩。

总之，中小头部品牌，要根据自身的情况制定扩张策略，不能一味地占领市场，不加思考就盲目扩张。

实战演练，看传统品牌如何翻红

传统品牌毕竟久经商业战场考验，走到今天，即便花西子、完美日记全网爆火，破圈走红，但稳坐美妆第一宝座的还是欧莱雅。就算认养一头牛抢占了一定的市场份额，但暂时并未超越伊利、蒙牛两大巨头。

其实，面对这汹涌而来的挑战，传统品牌也并不是没有优势，相比初出茅庐的新消费品牌，这些传统品牌的底盘自然坚固很多。

优势 1：产品和供应链发展成熟

大部分传统品牌的产品和供应链比较成熟，也经历了市场的考验，都是凭借强大的实力存活下来的。

优势 2：有一定的用户基础

传统品牌深耕市场多年，在大众认知里树立了良好的形象，积累了一定的忠实用户，一旦被激活，还是能唤起强大的购买力。

优势 3：有强大、稳定的线下渠道

新消费品牌大多发家于线上电商，线下渠道较弱，要想进军线下需要有强大的人力和物力支撑，而传统品牌的主战场在线下，本身就有一定的护城河。

因此，传统品牌在面临新的市场变局时，要有自己的战略和打法。新消费品牌多是从增量市场杀出了一条活路，而传统品牌，除了从增量市场上寻找机会，改变被动局势，还要继续耕耘自己的存量市场，维系原有的用户关系。

那么，传统品牌在实际的商业战场上，又是如何应对的呢？

抓住商业本质，找到转型方向

传统品牌已不是从零起步的新手，不能为了追赶趋势、风口，放弃自己曾打下的江山；也不能无视趋势、风口，一味地抱着过去不肯变革。

当然，传统品牌大多面临创新乏力、组织效率低下、数字化转型困难等众多挑战，那么，转型成功的传统品牌，又做了哪些努力呢？

说到转型成功的代表，就不得不提孩子王。经过我的研究发现，在经营客户关系和数字化改革方面做得好的，当属母婴零售巨头孩子王了。

孩子王采取"一站式大店"模式，选址通常在较高端的商场，门店平均面积高达 2500 平方米，最大的门店甚至超过 7000 平方米，远远超过爱婴室、乐友等同类品牌门店，一直是行业内的佼佼者。

2014～2015 年，由于线上电商风起云涌，贝贝网、蜜芽宝贝等一大批互联网婴童公司相继涌现，此时作为主营线下业务的传统零售品牌，孩子王面临很大的压力。孩子王曾尝试做增量市场，布局了自己的原创产品，还尝试做电商，结果却亏损。

这时，创始人汪建国发现，所谓的流量其实只要有财务支持就能买到，但是客户的留存率却很难保证，如果把有限的钱投在购买流量上，但是却无法保留客户，岂不是做无用功吗？他和团队发现，要想提高客户留存率，需要 IT 落实能力[⊖]，真正影响购买动机的，既不是价格也不是服务，而是客户的信任度。

因此，孩子王认为的商业本质，就是把精力花在与客户的接触上，让客户产生信任。而且要想保持品牌持续发展，不是简单地花钱就行，而是要回归业务本身，将数字化应用到门店场景业务端去产生效率。

所以，传统品牌如何持续耕耘存量市场？孩子王是一个很好的范本：一是经营客户关系，即通过专业的服务建立信任感，持续不断地满足客户、转化客户；二是提升门店体验，即通过数字化、场景化改革，持续不断地吸引客户、留存客户。

⊖ 当时门店面临互联网冲击，此处指的是门店互联网的实际应用与落地能力。

经营客户关系，创造性满足客户

经营存量市场，首先要解决的就是客户关系。与电商平台上客户一键下单购买不同，传统品牌要直面客户，除了为其提供个性化的产品组合和增值服务，还要和他们进行感情交流与互动。

孩子王的商业模式就是建立在经营客户关系的基础上的。汪建国在复盘时曾提到，当时中国的母婴店单店面积基本都是几百到一千平方米，但是他仍坚持以"一站式大店"模式做出差异化，从经营商品转向经营客户，从满足需求到创造性满足。

孩子王向上锁定服务商和供应商，向下锁定消费者，首创"商品+服务+社交"的新场景运营模式，为准妈妈提供一站式购物及育儿和0～14岁孩童社交服务，全面满足会员从孕期到宝宝成长过程中的多方面需求。

孩子王做得比较好的有以下几点。

1. 会员制的大单客经济

母婴商品种类繁多也比较专业，很多新手妈妈没有相关经验，试错成本较高。与此同时，母婴店线下渠道不够完善，获客成本很高，到店的顾客弥足珍贵，怎样留住这些顾客呢？

孩子王用会员制度与客户建立充分的信任，将客户发展为忠实会员并建立会员俱乐部，最终将母婴产品销售给她们，从这种关系中获取长期利润，也就是所谓的单客经济。

截至2021年，孩子王的会员人数已有近4800万名。会员制是孩子王最大的特色，但是与大部分母婴店不同，孩子王并没有将会员制停留在办卡、满减这种表面服务上，而是充分挖掘客户需求并满足。比如，这些会员妈妈们，尤其是新手妈妈，她们不仅有选购奶粉、纸尿裤的需求，而且还希望学习和交流如何带娃。为此，孩子王为她们提供了会员专属服务，将会员制的优势发挥到了最大。

2. 专业的顾问服务

提到专属的会员服务，就不得不说孩子王的育儿顾问服务。

汪建国表示，孩子王门店的每一位导购，都是专业的育儿顾问或者育儿师。这种执照，一般母婴店不做要求，但是孩子王要求自己的员工都去考。

孩子王为每个会员配置了一名育儿顾问，随时为她们解决育儿难题。这些顾问不仅是营养师、护理师，还是会员的好朋友，可以提供月嫂预约面试、孕妇摄影等服务，还可以提供母乳喂养指导、产后恢复等服务；更可以为小宝宝们提供早教、游乐等服务。

总之，在汪建国眼里，零售即服务，孩子王不是一家经营商品的企业，而是一个服务商。

3. 社交化活动

除了提供专业、贴心的服务，孩子王充分利用商业场景优势，在门店里设有孩子探索区、时尚区、成长缤纷营等活动区域，倡导让孩子亲身体验，把社交选择权留给孩子。

为了增强会员的黏性，每家门店都会定期举办互动活动，如"妈妈课堂""新手爸妈训练营""宝宝爬行大赛""抓周生日会"等，活动类型高达40种。

不仅如此，孩子王还利用"社交+内容"模式，在线上提供更多的互动场景，满足了新手父母的分享、交流和社交需求，围绕会员和母婴社区做足了文章。

智慧门店升级，增强体验和服务

对传统品牌来说，门店是一切战略的地基，客户关系的经营是建立在有客流进店的基础之上的。现在的线下门店，早已突破了传统的购物方式，除了提供购物空间，还能满足客户的体验和社交需求，而且更加数字化、智能化。

那么，孩子王是如何以门店为据点，吸引、转化和留存客户的呢？

第一，打造场景化空间，增强体验感。

在购物渠道如此丰富的今天，用户对于逛街体验的需求，并没有随着电商的崛起而消亡，而是在向体验店的转变中蓬勃发展。如果线下门店没有场景体验和社交属性，自然就不会吸引客流。就像家电品牌的门店不再简单地陈列产品，而是打造成客厅、卧室、厨房等场景，为消费者提供身临其境的体验，孩子王也对门店进行了场景化升级。

孩子王在第6代门店里，就减少了商品展示，扩增了互动空间；在第7代门店里，采用商品解决方案进行场景化陈列。在重庆的"全渠道母婴&亲子家庭体验馆"里，空间设计上以森林为主题，融入山石、树木、河流等自然元素，让整个门店看起来更加有趣。而且门店还加入了儿童娱乐专区、互动体验区等，更能赢得新手爸妈的青睐。

现在孩子王的门店空间一般三分之一用来展示商品，三分之一是互动场所，三分之一是母婴服务区。门店既是商品与服务体验中心，又是户外生活中心、社交互动社区，门店成了互动、体验和服务的载体。

第二，数字化升级，深化智能购物。

为了更好地吸引和服务客户，除了在门店、商品上全面升级，孩子王还开启了数字化智能购物。在孩子王的全新数字化成长服务门店里，客户在门口的大屏上就能通过人脸识别完成签到、产品优惠查询、领取红包，店里通过电子价签就能获取商品价格和折扣情况。在"云货架"大屏上，客户能快捷地查看和选购产品，再也不用为找不到商品而头疼。客户还能利用自动查询系统，了解互动活动和服务项目，如有意向可以随时预约参加。

不仅如此，在童乐园里，孩子刷脸即可进入，人脸客流分析系统可以让父母随时关注孩子动向，捕捉快乐时光。在离店时，也无须长时间排队等待，利用自助收银等就能结账。在最新一代的孩子王门店里，还增设了互动区、直播区、VR体验区等，这种智能化的购物方式，大大提升了客户的购物效率，也增强了购物体验。

第三，全渠道购物，线下引流、线上留存。

除了作为购物场所和线下体验区，孩子王门店还承担着一项重要的任务——引流获客。

在潜在用户受到吸引进入孩子王门店后，导购便开始用孩子王 App 和微信转化并留存客户，一套高效的全渠道留存复购系统高速运转起来，而这样做的目的，就是将客户转化为忠实会员。具体操作流程，可分为进店和离店两大环节（见表5-4）。

表 5-4　孩子王会员转化流程

进店	明确客户需求，掌握客户画像	客户进店后想买纸尿裤，导购询问孩童年龄，喜欢的品牌，是否有奶粉或婴儿车、母婴护理等需求
	提供专业解决方案，引导下载孩子王 App，添加导购微信号	紧接着导购会向客户普及育儿知识，并推荐相应的产品，借此留住客户
	利用大礼包促成首购行为	导购会用"新客一元购"的钩子，轻松促使客户完成首购。依照这个操作，门店会员转化成功率高达 40%
离店	孩子王 App 分阶段推送优惠活动，引导客户完成线上复购	孩子王 App 用自动化营销及精准营销技术，分阶段为客户推送优惠促销信息，并利用线上社群运营，完成线上复购
	导购建立信任关系，促成客户回流门店	利用微信向客户推送育儿知识、服务内容，建立信任关系，提升客户黏性，最终利用推送活动内容，吸引客户回店重购

"新客一元购"活动自然是赔本买卖，目的是换取会员转化率，同时也是为另一个场景做准备，即客户离店后，品牌对用户的影响急剧降低，只有转化为会员后，才能在线上唤醒他们。通过这种方式，孩子王成功地实现了线上线下融合，并构建了全渠道的留存复购体系，轻松完成了由"引流—培育—复购"构成的链路。

第四，数字化工具营销、运营。

早在 2015 年，孩子王就自主研发了国内领先的零售数字中台，对用户和员工都实现了数字化管理。

（1）用户数字化。

孩子王利用数字化技术，在导购为客户服务的过程中采集数据，比如客户在注册会员时填写了已孕和预产期，就会在一段时间后收到精准推送的宝宝发育信息以及现阶段的注意事项。

目前孩子王已建立了超过 400 个基础用户标签、超过 1000 个智能模型，基本实现了"千人千面"的精准营销，孩子王还以数字化的手段将用户分群，锁定目标群体并进行精准转化。

（2）员工数字化。

孩子王利用自主研发的App，可基于前端采集的客户信息，分析客户的行为特征和购物需求，精准推送商品推荐、育儿指导等内容，有效提升消费需求洞察能力和运营效率。

比如，有个客户买了两包纸尿裤，导购便能了解到宝宝的发育阶段。通过和客户的沟通聊天了解孩童情况，做好标签分类，以便再次沟通。另外，App也会通过数据化分析，给导购提供维系客户关系的相关建议。借助这个工具，每个导购可以管理350名会员，平均人效可达120万元/年。

零售业的数字化转型，对传统品牌充满挑战。汪建国认为，真正的数字化转型要把互联网理念与业务场景融合。

进军线上，进一步获取流量

新消费品牌为了满足持续的发展需求纷纷进军线下，三顿半、元气森林等已经布局了线下体验店或智能柜机。而传统品牌，同样也不会放弃线上，为了进一步获取流量，纷纷开设了线上店铺。

孩子王除了继续深耕线下大店模式，还积极布局线上，构建了App、微信公众号、小程序、微商城等渠道，同时在各大电商平台设立旗舰店。

孩子王App

2015年4月，孩子王上线了自己的App。作为线上的主要购物渠道，App里的商品一应俱全，在页面底端一眼就能看到育儿顾问入口，会员可以随时询问商品及育儿的有关问题。目前，孩子王 App 已有近 5000 名专业育儿顾问。

此外，孩子王 App 还打通了本地生活，特意引入了幼儿教育、孕产服务、亲子互动等方面的商家。在这个专区，会员可以轻松享受周边服务。

为了实现线上线下全渠道融合，在孩子王 App 里，可以自动识别附近门店，会员可以选择线上下单、门店配送服务。相应地，App 里还设置了扫码购，会员可以在线下购买、线上支付。

孩子王微信公众号、小程序、微商城

2014 年 5 月，孩子王上线了微信公众号，以内容的形式挖掘用户需求并服务用户。会员可以通过微信公众号直接查询会员权益等信息，也可以与线上客服进行沟通。在推送的信息页面里，会员可以直接跳转至小程序和微商城购物。孩子王推出的小程序，全面覆盖线上商城、线下门店和附近服务三大主要业务，会员无须下载 App，就可以轻松实现线下购物，非常便捷。另外，通过小程序会员还可以享受扫码签到、优惠查询和结算等功能，小程序已满足从进店到离店全过程渗透。

第三方电商平台

孩子王首先在天猫开设了官方旗舰店，销售奶粉、纸尿裤、哺喂用品、营养辅食、益智玩具等自营商品。2020 年，为了进一步扩大销售渠道，满足消费者购物需求，孩子王又在京东、拼多多上开设了旗舰店。

直播 + 社群转化

随着直播电商的兴起，很多企业开设了直播渠道。孩子王也不例外，几乎每周都会在视频号上直播，通过直播引流到社群，然后进行产品介绍和育儿咨询问题解答，完成促销转化任务。孩子王通过定期直播，开展促销活动，客户可直接下单（见图5-1）。

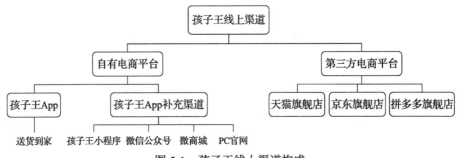

图5-1　孩子王线上渠道构成

孩子王通过加强经营客户关系以及对门店进行场景化、数字化改革，同时布局线上渠道，打通线上、线下流量，抵抗住了竞争对手的冲击，保持了稳定的增长。

抢占增量市场，布局新品牌、新产品

传统品牌面对新的增量市场时，一要开发新的产品线，寻找第二增长曲线；二要构建多品牌矩阵，收购、投资其他品牌，形成多样化竞争优势。

面临崛起的Z世代消费人群，传统品牌具体做了哪些动作呢？

全新定位、多线布局，推出新品

传统品牌的年轻化，首先要契合年轻人的需求，推出更受年轻人喜欢的产品。很多传统品牌在做品牌焕新时，都针对年轻群体需求重新做了品牌定位，丰富了产品品类。

比如，回力曾在国内胶鞋行业一路领跑，但是后来因款式陈旧遭遇重创。为了挽救品牌，回力以经典、时尚、专业为品牌内涵，重新确立了时尚运动、健康运动、专业运动的发展方向。

当年轻人兴起对复古鞋的怀旧潮时，回力抓紧机会，在原有鞋型的基础上加入了创新元素，推出了年轻人喜欢的时尚胶鞋，让喜欢复古风的年轻人穿上了回力鞋。不仅如此，回力还进军国际市场，将改良型的复古鞋推向欧洲市场，并在鞋上添加了可爱的手绘图案，让欧洲的年轻人也喜欢上了回力鞋。

就这样，回力面对新的消费人群，重新打造产品，将更多青春、新潮的产品带给了年轻人。

其实不只回力，运动品牌李宁面对新的消费群体，也打造了"中国李宁"产品线，改变了以往在消费者心目中的印象。李宁成为国货潮牌的代表，无论是品牌好感度和销量都实现了跨越式增长。

收购、投资，构建多品牌矩阵

对于发展到一定阶段的企业来说，布局多品牌矩阵已成为常规操作。成立 70 余年的雅诗兰黛旗下就有超过 20 个品牌，涉及护肤、美发、香氛、彩妆等多个领域。已有超过 180 年历史的宝洁，产品涉及皮肤、口腔、居家、个人健康等领域，拥有品牌上百个。

企业通过构建多品牌战略，可以在不同赛道抢占先机，网罗不同的消费群体，形成多样化的竞争优势。而且传统品牌的企业资金雄厚，如果内部研发能力不足，可以利用已有资源，通过收购新品牌、投资新赛道的方式，抢占新的市场。

安踏就是一个很好的例子，安踏在 2009 年通过收购 FILA 的部分经营权入局运动休闲赛道。2015 年，为了补充运动时尚产品线，安踏又收购了英国户外休闲品牌 Sprandi。2016～2017 年，安踏相继和日本、韩国的企业成立合资公司，经营高端滑雪品牌迪桑特、中高端专业户外运动品牌 Kolon，这一时期又拓展儿童运动服饰，收购儿童服装小笑牛。2018 年，安踏收购始祖鸟母公司亚玛芬，最终形成了多品牌矩阵。截至目前，安踏在运动鞋服领域的占有率仅次于耐克和阿迪达斯，远远高于其他国产运动品牌。

形象焕新，吸引年轻消费群体

要想获取年轻消费群体的关注，首先就要在形象上升级。对于新消费品牌来说，最大的共性就是颜值高。

传统品牌又是从哪些方面重塑品牌形象的呢？

1. logo 升级

Logo 承载了品牌的理念、形象及用户认知，是品牌重要的招牌资产。在用户注意力被日渐分散的今天，品牌标识的重要性凸显。因此，很多品牌为了表达自己求变的决心，都先从升级品牌 logo 开始。

小米斥资 200 万元设计新 logo，将图标从方角改成了圆角。蒙牛花费 650 万元邀请苹果的 logo 设计者 Rob Janoff，进一步简化了原有 logo。正如小米的新 logo 在社交平台上，引起了网友们的讨论与调侃，蒙牛这次也引发了不小的关注。

由此看来，logo 升级不仅是企业适应时代、展望未来的战略体现，同时也是一场唤起消费者关注的营销活动。

但是，未必所有的 logo 升级，都能带来理想的效果。2010 年，当 GAP 出现业绩急速下滑，同是快时尚品牌的 Zara、H&M 等飞速崛起时，GAP 董事会决定升级品牌，打造更年轻时尚的品牌形象，这一决定从换个 logo 开始。经过设计，新的 logo 保留了蓝色盒子背景，将字体改成了粗体，为了赶时间，在没有通知消费者，也没有更改零售店的陈列和布置，甚至衣服上还贴着旧 logo 的情况下，就匆匆在网站上进行了更新。此举引来粉丝的不满，新 logo 只用了一周就被迫撤下了。

2. 产品形象升级

大家熟知的羽绒服品牌波司登，近两年重新迎来了发展的春天。在业绩出现断崖式下滑后，经过一番调研和思考，波司登最终从国外闯入的加拿大鹅身上看到了方向，试图进军羽绒服高端市场。于是，波司登一改以往的形象，频繁邀请大牌设计师合作推出联名款，并花重金登上纽约时装周、米兰时装周、伦敦时装周秀场，请来多位明星助阵。不仅如此，波司登羽绒服在款式和颜色上也大胆尝试，推出了更具设计感的羽绒服，加入了更加丰富的颜色组合，同时融入碎花、迷彩和波纹等元素，看起来十分青春、时尚。

3. 门店形象升级

品牌形象升级，自然少不了门店形象的改变。前面提到的孩子王的门店，就对形象、场景、体验等方面都做了改善。

波司登为了改变之前的形象，特意邀请了法国顶级设计团队打造上海南京路的门店。以前波司登的门店给人的感觉就是杂乱无序，并不能有效吸引消费者主动进去，重整旗鼓后，新的店面看起来非常有时尚设计感。

不仅如此，为了提升店铺和品牌形象，波司登有意缩减了第三方经销门店规模，大大提升自营门店比例。截至 2021 年 9 月 30 日，波司登自营门店比例提高到 45.21%，而第三方经销门店下降到 54.79%。

对于自带 IP 的企业，在店面打造上还有更多的玩法，IP 并不只是品牌吉祥物，品牌应充分发挥想象，将它融入更多、更生动的应用情景。旺旺集团特意打造了旺仔俱乐部，店内外处处彰显着旺仔元素，很好地将消费者的情感与品牌连接起来。

创意营销，与用户建立新连接

如果品牌在市场上太久没有新动作，消费者就会渐渐将其遗忘。这时很有必要利用一些营销活动重新与消费者建立连接，跨界联名就是常用的方法之一。

前面已经讲过新消费品牌的联名活动，由于传统品牌成立的年份更久远，在唤起消费者的情怀、认知方面，其实更有优势。

方法 1：强强联合，跨界联名吸引关注

年过六旬的大白兔，为了激活更多的年轻消费者，做了许多跨界尝试。2018 年，大白兔联合美加净，推出了奶糖味润唇膏。这款润唇膏在包装上沿用了大白兔奶糖的经典形象，主要成分是食品级植物精华和牛奶精华，人们在滋润双唇的同时，就能感受到大白兔奶糖的味道，引起满满的回忆。

大白兔奶糖是人们小时候最喜欢吃的糖果之一，而美加净也是有年代感的国货，这款联名产品一经推出就被抢购一空，品牌因此还获得了一轮新的关注和讨论，制造了一次品牌推广的小高潮。2019 年，大白兔又联合快乐柠檬推出大白兔系列饮品，活动第一天就登上了微博热搜。后来大白兔又与气味图书馆联名推出香氛、沐浴露，都取得了很好的效果。

还有一个做得比较好的品牌，就是九阳了。

近年来，九阳为了拉近与年轻消费者之间的距离，打造全新的记忆点，特意推出了萌潮厨房。九阳先选择和LINE FRIENDS联名，虽然很多品牌都与网红IP跨界联名，但是像九阳这种将IP融入产品设计中的还是少数。联名款的产品造型可爱，颜色鲜艳亮丽，十分吸引年轻消费者。

九阳还和哆啦A梦等IP进行合作，设计出了具有IP特色的烧水壶、三明治机、温奶器等产品，以年轻化的态度和消费者进行连接。关于跨界这件事，九阳一直都有自己想法，每次的合作对象，不仅要有流量，相关元素还能和自身产品进行融合，成功将IP的吸引力转化成了自己的产品力，走在了同类品牌的前面。

方法2：借助社交平台，创意内容营销

事实上，很多传统品牌从大众视线里消失，是因为它们与年轻人喜欢的内容渠道和营销方式脱节了。因此，品牌除了要知道自己的消费者是谁，还要明白消费者在哪里。目前，抖音、快手、B站等平台聚集了很多年轻人，已成为主流的营销渠道。

在小米十周年活动之际，创始人雷军入驻B站，吸引了上百万名粉丝关注。雷军其实早就收获了年轻人的喜爱，小米的业务火爆，与他本人的网红属性有很大的关系。

品牌充分利用年轻人聚集的新渠道，用年轻人喜欢的语境和方式，与他们进行沟通，可以有效提升品牌影响力。这点老凤祥就做得不错。老凤祥为了提升品牌在年轻消费者心中的形象，在 B 站、抖音等平台上发布了一个趣味创意视频。视频融合了多个小故事片段，采用颇具新鲜感的营销方式，刷新了人们对"老"品牌的认知，说明了"老凤祥其实也没有那么老"的理念，获得了年轻消费者的喜爱。

方法 3：开设官方账号，与消费者直接互动

为了和年轻消费者直接对话，旺旺借用内容创作，激活了自己的 IP。2017 年，旺旺重新确定了未来的发展方向，为了让活泼可爱小男孩的品牌形象更深入人心，在社交平台上开设了"旺仔俱乐部"，用旺仔的口吻讲述日常趣事，和消费者进行互动。同时，旺旺还深度利用年轻人喜爱的文化，将 IP 与多种内容创作相结合，产生了旺仔壁纸、旺仔漫画、旺仔表情包、旺仔小动画等多种有趣的内容。

旺旺通过丰富 IP 的相关内容，在社交平台上进行创意营销，旺仔的形象更加鲜活立体了，同时旺旺探索出了一条与年轻消费者对话的渠道，受到了年轻人的喜爱和追捧。

除了在社交平台上互动，品牌还可以利用官方账号宣传产品、发布优惠活动。例如，孩子王在微博、小红书、抖音上都开设了官方账号，用来推广产品、发布抽奖活动、宣传线下门店、推荐好物等，很好地宣传了品牌，也有效地完成了转化、引流。

方法 4：多圈层 KOL 种草，引爆全网

随着社交平台的兴起，产品的宣传模式也发生了变化。除了在小红书上发布笔记宣传，在知乎上邀请大 V 进行分析问答，微信公众号里写文章宣传，常见的还有短视频种草。

大宝 SOD 蜜借助抖音平台上的 KOL 营销，也给消费者带来了惊喜。2021 年 9 月，大宝在抖音上开展了一场名为"大宝真的润万物"的话题活动。经过多个圈层的 KOL 参与联合传播，话题的讨论量暴涨。这次活动邀请 KOL 分享大宝"干刷"护理法，让"人人都爱用 SOD 蜜"的口号深入人心，突出了大宝全民化、年轻化的特色。同时多位 KOL 形成联动，美妆护肤领域的 KOL 科普大宝 SOD 蜜配方，亲自上脸试用，还有 KOL 用测评的角度，真实展现 SOD 蜜干刷效果。这次活动让这款老国货以新形象回到大众的视线里，成功实现了品牌的升级焕新。

方法 5：广告冠名，口播玩出新花样

传统品牌一般实力雄厚，在广告营销上预算比较大，为了增加广告的趣味性，获得年轻人的喜爱，很多传统品牌在综艺节目、电视剧里，以口播、小剧场的形式，玩出了新花样。

当然，要说把广告植入玩得飞起的节目，非马东主持的脱口秀节目莫属。此节目获得品牌方的热捧，因为主持人以有趣的形式念广告，更巧妙的是，脱口秀演员还能将广告变成了自己发言的一部分，引发观众的互动。

"我去过最远的地方是绿色的大草原，但是，我不是去寻找诗和远方，只因为，那是纯甄酸奶的故乡。""小明不错，小米也不错。"这些新奇的广告插入方式每次都引发现场观众的强烈反应。

除了以上营销活动，很多传统品牌为了吸引消费者的注意力，也是费尽心思。比如，佰草集直接在直播间里上演宫廷剧，不仅吸引众多网友观看，而且收获了很高的转化率。总之，为了和年轻消费者建立连接，这些传统品牌都在不断地努力。

组织数字化变革，提升竞争力

在本书中，我一再强调数字化的重要性。传统品牌在业务方面的数字化与大多数新消费品牌不同，尽管有雄厚的资金，但是要想完成数字化转型绝非易事。

目前，组织数字化做得比较好的传统企业，蒙牛算是一个。

蒙牛在2021年上半年，实现了高达459亿元的收入，同比增长了22.3%。蒙牛自从制定"FIRST"战略之后（其中"T"代表的就是数智化），迎来了五年以来的最好成绩。

蒙牛的数智化，不仅是指单纯将数据数字化，还有智能决策。为了实现这个目标，蒙牛专门成立了集团数字化转型办公室；组建了尖刀连，讨论、思考企业的数字化之路，在五轮封闭培训会议上，提出并解决问题。

2018年，蒙牛就开始发展IT团队，到2020年正式开启数字化转型时，团队已经扩展到了240人，组织架构由两部分构成，一是稳态的IT，二是敏态的数据处理技术（Data Technology，DT），DT部门由产品设计部、数智应用部和智能算法部构成。

蒙牛的数字化转型涵盖两大方面。

第一，一切业务数字化。

不难理解，一切业务数字化是指所有业务行为的数字化和在线化，所有的业务数据都可溯源、可洞察。

第二，一切数据业务化。

蒙牛力求做到用数据说话，用数据决策，用数字化改变原有商业模式，改变以往依赖人工经验的决策方式。经过不断的发展融合，目前数据应用已经渗透蒙牛全产业链的各环节。

在与消费者的接触中，蒙牛借用互联网平台，将公域流量转化为私域流量，一方面可以直接将产品卖给消费者；另一方面利用消费者的反馈倒逼产品升级，使蒙牛逐渐转换为 F2B2b2C 模式。⊖

数字化转型虽然难度较大，但是一旦成功，就会带来颠覆性的影响，但如果错失这波改革机会，企业就会被同行远远甩在身后，甚至从此消失。

2022 年，蒙牛启动了全球品牌升级战略，继与 FIFA 世界杯、中超联赛、上海迪士尼度假区、北京环球度假区等进行持续性战略合作之后，又邀请著名设计师操刀升级 logo，目前正全力向国际品牌进化，而数字化无疑发挥了更大的作用。

最后，借用知乎上一个汽车类答主的话作为结语——

所有的企业都想基业长青，都想长久盈利，但是市场往往是不连续的，而创新往往是破坏性才能更好地驱动经济结构变革。

然而放下手里正在收割的甜果，想要去全身心投入全新的变革之中，难在与人性相违背，难在自我颠覆没那么简单。⊜

所以，传统品牌的转型升级之路，也未必那么顺畅。

不过，新手入局、品牌更迭，是消费领域的常态。在如今的新消费盛宴上，新品牌爱"热闹"，老品牌守"门道"，新旧相争，这场持久战仍在继续。未来的消费市场如何，我们只能拭目以待了。

⊖ F2B2b2C 是指厂商店三方一体，它包含三个运营主体：品牌商（F2C）、经销商（B2C）、零售商（b2C），是一种实现线上线下融合的模式。成功的 F2B2b2C 模式，会完全打破传统渠道，且全部融入数字化体系，即实现线上线下融合、厂商店三方融合。

⊜ 来自：https://www.zhihu.com/question/508874191/answer/2305716506。

参考文献

[1] 摩尔. 跨越鸿沟[M]. 赵娅, 译. 北京: 机械工业出版社, 2008.

[2] 里斯, 特劳特. 定位: 争夺用户心智的战争[M]. 邓德隆, 火华强, 译. 北京: 机械工业出版社, 2017.

[3] 莱斯. 精益创业: 新创企业的成长思维[M]. 吴彤, 译. 北京: 中信出版社, 2012.

[4] 施密特, 罗森伯格, 伊格尔. 重新定义公司: 谷歌是如何运营的[M]. 2版. 靳婷婷, 译. 北京: 中信出版集团股份有限公司, 2019.

[5] 夏普. 非传统营销: 营销专家不知道的品牌成长定律[M]. 麦青, 译. 北京: 中信出版集团股份有限公司, 2016.

后 记

感谢徐全老师邀请我共同创作这本书！书中的精华基本都是徐老师多年的沉淀，我只是帮了个小忙而已。

毕竟创作一本书的过程是痛苦而漫长的，我们的交稿日期也是一拖再拖，为了写出一本有价值的好书，我和徐老师多次商讨内容，稿件也是一改再改。

我们一致认为，鉴于新消费市场变化多端，新消费品牌的发展也是摸着石头过河，我们尽可能选取有价值的干货，希望这本书能够给读者的启发多一些，陪他们的时间久一些。

在创作期间还有个小插曲，就是我竟然怀孕了。所以，这本书的某些内容，可能是我产检回来继续伏案而作的；也可能是趁我没有恶心、呕吐、困乏的时候，在小区里的长椅上完成的；还有极大可能，是某天凌晨，我恰好有点精神时写的。但更多的是，因为前期需要养胎，我躺在床上完成的。

想想这真是一次特别的经历，所以特意记录一下。在这里，再次感谢徐全老师！书中内容如有不足之处，也欢迎读者们多多探讨、指正！

张利英

2022 年 5 月 3 日